Hans-Georg Rabacher

Fliegen als Job!

Alles über FlugbegleiterInnen

**Vom Kindheitstraum zum
Traumberuf Stewardess / Steward**

Die in diesem Buch bereitgestellten Texte und Antworten dienen allgemeinen Informationszwecken. Der Inhalt wurde gewissenhaft und mit größter Sorgfalt erarbeitet. Aufgrund der Vereinfachung komplexer Themen zur besseren Verständlichkeit kann es keine Gewährleistung oder Garantie auf Vollständigkeit geben, weder vom Autor noch vom Verlag.

Die Erfahrungsberichte wurden mehrheitlich aus dem Englischen, vereinzelt auch aus anderen Sprachen übersetzt. Aus persönlichkeitsrechtlichen Gründen werden ausschließlich die Vornamen, die jeweilige Nationalität und das Alter der Befragten zum Zeitpunkt des Interviews genannt.

Dem Autor liegt eine gleichberechtigte Ansprache aller Menschen am Herzen. Daher werden in diesem Buch abwechselnd männliche und weibliche sowie neutrale Bezeichnungen verwendet.

checkpilot™ Verlag, Kottingbrunn

Druck & Vertrieb: tredition GmbH
Halenreie 40-44, 22359 Hamburg

Lektorat & Korrektorat: Melina Streckert
www.buchstabengarten.com
Cover & Illustrationen: Liana Akobian
www.lianaakobian.com

Autor: Hans-Georg Rabacher
www.checkpilot.com
crew@checkpilot.com

ISBN Paperback: 978-3-903355-21-7
ISBN Hardcover: 978-3-903355-22-4

INHALT

Vorwort: In der Welt zu Hause

So unterschiedlich die persönlichen Idealvorstellungen des Berufslebens sind, so verschieden sind auch die Wege, die dahinführen. Wir alle versuchen das eigene Leben zu gestalten, so gut es möglich ist. Das Streben nach Erfolg, Freude und innerer Zufriedenheit ist ein maßgebender Bestandteil in unserer Laufbahn. Völlig zurecht, immerhin verbringen wir mehr als die Hälfte unseres Lebens mit der Ausübung der gewählten beruflichen Tätigkeit.

Eines Tages im Flugdienst zu arbeiten ist für viele ein absolut traumhafter Gedanke. Um die Welt zu reisen und dabei neue Kulturen kennenzulernen, macht diese Tätigkeit zu etwas ganz Besonderem. Es ist ein unbeschreibliches Gefühl, wenn wir mit Freude zur Arbeit gehen und den Tag in Zufriedenheit verbringen.

Oft sind es nur kurze Blicke aus dem Flugzeugfenster, doch laden ein blauer Himmel, endlos scheinende Ozeane und eindrucksvolle Landschaften von atemberaubender Schönheit zum Träumen ein. Der Arbeitsplatz über den Wolken bietet die Chance, jeden Tag Neues zu entdecken.

Bereits die bloße Vorstellung, unsere Freizeit in einem fernen Land zu verbringen, gilt als besonders reizvoll. Ab und zu bietet sich dabei die Möglichkeit, historische Orte kennenzulernen, berühmte Attraktionen zu besuchen oder pulsierende Städte zu erkunden. Angenehme Sonnenstunden am Meer laden zum Badevergnügen ein. Wenn wir die salzige Meeresluft einatmen, den Wind im Haar und die Füße im warmen Sand spüren, dann sind das Momente, in denen wir uns entspannen und frei fühlen können.

Manchmal sind es die vielen kleinen Dinge, an denen sich selbst langjährige Crewmitglieder nach vielen Jahren noch erfreuen können. Vielleicht ist das der Ausblick aus einem schönen Hotelzimmer, eine Tour durch die charmanten Läden des Zielortes, entspannt das Lieblingsbuch auf einer Parkbank zu lesen oder die Auszeit inmitten der Natur zu genießen. Nicht zu vergessen die Auslandskontakte, die während einer Dienstzeit zustande kommen. Aus anfänglichen Gesprächen können tiefgehende Freundschaften werden. Wir besuchen sie auf unseren Reisen, treffen uns mit ihnen sogar am anderen Ende der Welt und teilen gemeinsame Erlebnisse, die eines Tages zu unseren schönsten Erinnerungen zählen.

Denken wir für einen Augenblick an den Berufsalltag, so haben wir alle unterschiedliche Vorstellungen, welche Aufgaben uns an Bord erwarten und wie das Leben bei einer Fluglinie aussieht. Tatsächlich gibt es auch nicht die eine richtige Sichtweise, denn die Anforderungen unterscheiden sich von Airline zu Airline. Unbestritten ist jedoch: Flugbegleiterinnen und Flugbegleiter sind in erster Linie für die Sicherheit der Passagiere verantwortlich.

Damit sich die Gäste an Bord entspannt zurücklehnen können, setzen einige der Fluggesellschaften auf ein umfangreiches Servicekonzept. Erstklassige Qualität und besonderer Komfort beginnen mit einem freundlichen Empfang. Reisende mit eingeschränkter Mobilität benötigen mitunter Unterstützung an Bord, Kinder freuen sich über eine liebevolle Ablenkung und flugängstliche Passagiere über aufmunternde Worte. Und auch während der Flugreise liegt es an der Crew, eine angenehme Atmosphäre der Herzlichkeit und Gemütlichkeit zu schaffen. Die Fluggäste freuen sich auf einen duftenden Kaffee, der mit einem Lächeln serviert wird, und auch eine wärmende Decke zum Einschlafen oder Kopfhörer für das Entertainmentsystem sind nur einige der Annehmlichkeiten, die Passagiere dankbar entgegennehmen. Flugbegleiterinnen und Flugbegleiter sind Mitarbeitende vom Fach und gelten als Ansprechpersonen, deren Anweisungen, Ratschläge und Tipps unter Reisenden aller Altersklassen Gehör finden.

Der Beruf bietet Chancen, Neues kennenzulernen und vielseitige Erfahrungen zu sammeln. Obwohl der Arbeitsablauf festgelegt ist, fehlt es weder an Abwechslung noch an Spannung. Da kein Tag dem anderen gleicht, steckt dieser Beruf voller Überraschungen.

Manches im Leben scheint uns vorgegeben zu sein, doch geht es um jene Geschichten, die wir selbst erleben und anderen eines Tages erzählen. Als Flugbegleitung hast du die besten Voraussetzungen dafür, denn jede Reise hält eine Fülle an Erlebnissen für dich bereit. Du entdeckst neue Horizonte und lernst, Grenzen zu überwinden. Du begegnest Gleichgesinnten, die Feuer und Flamme für das Fliegen sind und sich ein Leben außerhalb der Luftfahrt nur schwer vorstellen können.

Über das ganze Buch verteilt kommen Expertinnen und Experten aus aller Welt mit ihrem Know-how zu Wort. Sie teilen ihre vielfältigen Erfahrungen mit dir und lassen einen noch tieferen Einblick in die Herausforderungen des Berufes zu. Entscheide selbst, ob auch du eine Karriere über den Wolken starten möchtest.

Always happy landings,

Hans-Georg

✓

Fragen wir Ana, 34 Jahre,
Flugbegleiterin aus Portugal

»Mein Leben aus dem Koffer heraus«

»Jedes Mal, wenn ich an einen neuen Ort reise, fühle ich mich wie ein Kind. Ich staune immer wieder aufs Neue, wie viele schöne Erinnerungen ich sammeln, welchen Menschen ich begegnen kann. Städte, Strände und naturbelassene Orte wecken in mir Sehnsüchte und ich bin dankbar, dass ich einen Beruf ausüben kann, der mir diese Sehnsüchte erfüllt und sogar bezahlt. Privat gehe ich, wohin der Wind mich trägt. Ich plane meine Reisen niemals im Voraus und bleibe stets spontan.

Da ich ständig unterwegs bin, habe ich lediglich ein kleines Zimmer in Spanien gemietet. Der kleine Raum in Madrid dient mir als Wohnadresse und als

Ort, um meine wenigen Habseligkeiten aufzubewahren. Ab und zu sehe ich dort nach dem Rechten, fahre jedoch meist gleich wieder weiter. Die längste Zeitspanne, in der ich durchgehend unterwegs war, also kein einziges Mal zu Hause vorbeigesehen habe, dauerte auf den Tag genau vier Monate.

Ich führe ein Leben aus dem Koffer heraus. Alles, was ich mitnehmen will oder bei mir haben muss, findet seinen festen Platz darin. Rasch den Ort wechseln zu können, ermöglicht mir unvergessliche Abenteuer. Mich verzaubern idyllische Sonnenuntergänge, plätscherndes Wasser, inspirierende Reiserouten, prächtige Gärten und einmalige Naturschauspiele. In kurzer Zeit zahlreiche Gegensätze zu erleben, zieht mich magisch an. Gestern beispielsweise konnte ich tagsüber in einer einsamen Bucht schnorcheln. Es war einer dieser typischen heißen Badetage, bei denen das Meer ruhig ist und das Wasser kristallklar. Am Abend wurde das kleine Fischerdorf sehr lebendig. Die Einheimischen sammelten sich am Marktplatz und feierten ausgelassen bei gegrilltem Fisch und lauter Musik. Bereits heute fliege ich zur nächsten Stadt weiter, um vielleicht schon morgen durch eine reizvolle Altstadt zu schlendern und imposante Highlights zu entdecken. Auch dort wird es ein Plätzchen geben, an dem ich anhalte, weil es mir gefällt.

Die Zeit, eines Tages anders zu leben, sesshaft zu werden und die Familie in den Mittelpunkt zu stellen, wird kommen. Doch solange zu Hause niemand auf mich wartet, werde ich auch weiterhin mein Leben auf diese Art genießen. Ich lebe ohne schlechtes Gewissen und in absoluter Freiheit. Für mein nächstes Abenteuer wünsche ich mir: Einmal exotisch, bitte!«

Voraussetzungen

Das Anforderungsprofil einer Airline

Welche Qualifikationen du als zukünftige Flugbegleiterin mitbringen solltest, kann jede Fluggesellschaft selbst entscheiden. Einheitliche Anforderungen oder allgemeingültige Voraussetzungen gibt es nicht. Vergleichst du verschiedene Unternehmen, wirst du rasch die gegensätzlichen Erwartungshaltungen bemerken. Es macht sich bezahlt, die Karriereseiten der Airlines stets im Blick zu behalten, da sich die Aufnahmekriterien je nach Personalbedarf ändern können.

Um dir die Chance auf einen Ausbildungsplatz zu sichern, musst du mit professionellem Auftreten, guten Manieren und einem ausgeprägten Servicegedanken überzeugen. Auch ein gepflegtes Äußeres und dein freundliches Wesen dürfen nicht fehlen, immerhin gelten Flugbegleiterinnen und Flugbegleiter als Aushängeschilder und Werbeträger einer Fluggesellschaft.

Die eigene Arbeitsmoral ist eng mit dem Erfolg des Unternehmens verbunden. Fühlen sich die Passagiere an Bord wertgeschätzt und wohl, werden sie mit hoher Wahrscheinlichkeit bei ihrer nächsten Reise erneut ein Ticket bei dieser Fluggesellschaft kaufen oder sie zumindest gerne weiterempfehlen. Positives Feedback und zufriedene Fluggäste sind sowohl für den Ruf der Luftfahrtgesellschaft als auch aufgrund des Kaufverhaltens der Kundschaft von unschätzbarem Wert. Um dieses Unternehmensziel zu erreichen, ist es entscheidend, niemanden auszuschließen und anderen Kulturen offen gegenüberzustehen. Auch benötigst du die Fähigkeit, Konflikte und Probleme an Bord lösungsorientiert zu bewältigen. Passagiere sollen sich jederzeit umsorgt fühlen. Dies gilt erst recht für Gäste der Business- oder First-Class.

Als Flugbegleiterin bist du häufig vierzehn Stunden oder länger auf den Beinen. Du stehst frühmorgens auf oder beginnst deinen Dienst spät am Abend. Mal fliegst du tagsüber, mal die gesamte Nacht oder zumindest Teile davon. Ungeachtet der Uhrzeit und deiner persönlichen Tagesverfassung benötigen die Gäste deine volle Aufmerksamkeit. Egal ob es der erste Flug deines Tages oder der letzter ist, die Flugpassagiere erwarten einen gleichbleibenden Service und dieselbe Freundlichkeit. Wie viele Flugabschnitte bereits hinter dir liegen, darf ein Reisegast dir nicht anmerken.

Die Sicherheit steht an oberster Stelle und ist Teil der Unternehmenskultur. Während Fluggesellschaften die Rahmenbedingungen für die Arbeit an Bord schaffen, liegt es an der Kabinenbesatzung selbst, die damit einhergehende soziale Verantwortung gegenüber Flugreisenden, Kollegen und sich selbst zu wahren. Bereits während der Ausbildung müssen sämtliche Regelwerke penibel genau erlernt werden, um sie im Berufsalltag jederzeit einsetzen und abarbeiten zu können. Nur so kann ein gewünschter Standard erreicht und erforderliche Abläufe zuverlässig und gewissenhaft im Sinne des Arbeitgebers ausgeführt werden.

Mache dir bereits im Vorfeld auch über die räumliche Enge einer Flugzeugkabine Gedanken. Der fehlende Rückzugsraum während des Dienstes kann belastend sein. Zusätzlich erschweren unregelmäßiger Schlaf und die wechselnden Tag- und Nachtschichten die Arbeitsleistung. Lange Reisen und wiederholte Übernachtungen in Hotels machen ein Leben aus dem Koffer notwendig. Die häufige Abwesenheit von zu Hause kann dir dabei schon mal die Energie rauben und dich an deine Grenzen bringen.

Andererseits hält die Tätigkeit jede Menge Vorzüge für dich parat. Sie bietet positive und spannende Aufgaben in einem abwechslungsreichen Arbeitsumfeld. Deine Erlebnisse lassen bestimmt keine Langeweile aufkommen und sorgen für bleibende Eindrücke. Jeder Kondensstreifen erinnert dich daran, dass kein Arbeitstag dem anderen gleicht. Fliegen ist mehr als nur ein Job. Wer eines Tages das Fliegen aufgibt, verlässt dieses Umfeld meist mit einem lachenden und einem weinenden Auge, denn immer bleiben abenteuerliche Erinnerungen zurück.

Fragen wir Hannah, 26 Jahre,
Flugbegleiterin aus dem Vereinigten Königreich

»Es ist mehr als nur ein Job«

»Sie erwarten von dir immer einhundert Prozent, und für deine maximale Leistung pushen sie dich. In den ersten Wochen war es anstrengend und aufwendig, so viele Informationen zu verarbeiten und gleichzeitig korrekt umzusetzen. Manchmal war es sogar zu viel auf einmal. Doch wie der Job wirklich ist, weißt du erst dann, wenn du zum ersten Mal in ein Flugzeug steigst. Diese Anfangszeit wird dir für immer in Erinnerung bleiben, sie ist intensiv, aber auch lustig. Es warten viele neue Bekanntschaften auf dich, manche von ihnen begleiten dich dein gesamtes Berufsleben lang. Kolleginnen werden zu Freundinnen und manchmal sogar zu Trauzeuginnen. Genau diese Momente lassen dich erkennen, dass es mehr als nur ein Job ist. Schon jetzt kann ich sagen: Meine Zeit als Flugbegleiterin gehört wohl zu der besten meines Lebens.«

Was von dir erwartet wird

Über den Wolken zu arbeiten ist mit Sicherheit kein alltäglicher Beruf. Wer sich dafür entscheidet, sollte ein Allround-Talent sein oder zumindest den Willen haben, sich gewisse Eigenschaften anzueignen. Fluggesellschaften achten genau darauf, ob du mit deiner Persönlichkeit geeignet bist oder nicht. Die Zusammenarbeit zwischen den Mitgliedern der Kabinenbesatzung und die Bereitschaft, sich jederzeit im Team zu unterstützen, ist für diesen Beruf besonders wichtig. Diese Leistungsstärke jeden Tag aufs Neue zu erreichen und in jeder beliebigen Situation abrufen zu können ist gar nicht so einfach, da du deine Arbeitskolleginnen oftmals erst zu Dienstbeginn kennenlernst. Bei den Flugvorbereitungen bleibt wenig Zeit, die Stärken und Schwächen im Team abzustecken und die Eigenheiten zu erfahren.

Flugbegleiter sind ihren Passagieren gegenüber aufgeschlossen und tolerieren unterschiedliche Verhaltensweisen. Selbst jene Fluggäste an Bord, die durch unhöfliches Benehmen und schlechte Manieren auffallen, sollten bis zum Ende des Fluges mit einem Lächeln bedient werden. Hierbei benötigst du neben Geduld auch das Vermögen, nicht jede Aussage persönlich zu nehmen. Als Flugbegleiter achtest du auf eine positive Wortwahl und pflegst eine deeskalierende Körpersprache. Überschreitet das rüpelhafte Verhalten einer Passagierin einen Schwellenbereich, kann es die Situation erfordern, ein bestimmtes und dennoch freundliches »Nein« auszusprechen. Der Kunde ist zwar bekanntlich König, das befreit ihn aber nicht von einem respektvollen Umgang dir gegenüber. Auch um im Falle einer drohenden Gefahr die Oberhand zu behalten, ist ein selbstbewusster Umgang mit fremden Personen unerlässlich. Das Geschehen an Bord muss zu jeder Zeit unter Kontrolle sein.

Wie umfangreich der Service einer Fluglinie ist, kann die Kaufentscheidung der Reisenden für oder gegen ein Flugticket maßgeblich beeinflussen. Umso bedeutsamer ist es, dass das Kabinenpersonal eine hohe Dienstleistungsbereitschaft zeigt und die Wünsche der Gäste an Bord erkennt. Auch solltest du immer im Hinterkopf behalten, dass Passagiere sich ihre Flugzeit oftmals mit Beobachtungen vertreiben. Hierbei zählen besonders das Servieren von Speisen und Getränken zu den sichtbaren Arbeitsschritten.

Als Flugbegleiter solltest du ein erhöhtes Maß an Belastbarkeit mitbringen. Der Job ist alles andere als einfach, mitunter körperlich und mental anstrengend. Eine positive Arbeitsatmosphäre verbessert die Stressresistenz und erleichtert den Alltag aller. Umso mehr trifft dies bei schwierigen Diensten wie etwa bei Flügen in der Nacht, an Wochenenden und an Feiertagen zu.

Im Berufsalltag werden persönliche Merkmale wie Einfühlungsvermögen, Verantwortungsbewusstsein, Selbstdisziplin, Diplomatie und Flexibilität vorausgesetzt. Dass du dich selbst organisieren kannst, wird ebenso erwartet wie ein regelorientiertes Arbeitsverhalten. Um diese Charakteristika sicherzustellen, wird während des Bewerbungsprozesses deine Reife sowie dein Auftreten genauer unter die Lupe genommen.

In jedem Fall wünschen sich die Kundinnen und Kunden einen kompetenten Ansprechpartner, der erreichbar ist, Verständnis zeigt, rasche Hilfe leistet und bei Schwierigkeiten Lösungen anbietet. In welchem Ausmaß du als Flugbegleiter all diese Fähigkeiten abrufen kannst, hat entscheidenden Einfluss auf das Image der Fluggesellschaft und die Zufriedenheit der Passagiere.

Persönlichkeitsmerkmale

Auf welche Persönlichkeitsmerkmale du im Detail achten solltest, verraten dir zunächst die sogenannten Soft Skills. Diese lassen sich in drei grundlegende Kategorien einteilen: die persönliche, die soziale und die methodische Kompetenz. Zusammengenommen zeigen sie der Airline deine Stärken und dein Potential im jeweiligen Bereich.

Zur **persönlichen Kompetenz** gehören deine Authentizität, deine Ausstrahlung, deine Lernbereitschaft, die Stresstoleranz, deine Motivation, dein Selbstbewusstsein und dein Verantwortungsbewusstsein. Der allgemeine Umgang mit dir selbst lässt für die Fluglinie Rückschlüsse darauf zu, wie du im Berufsalltag auftreten wirst.

»Wir Mitglieder des Auswahlkomitees müssen das große Ganze im Blick behalten. Wenn wir längere Zeit nicht rekrutieren, entsteht eine Generationslücke. Neben der Lebenserfahrung achten wir besonders auf die Persönlichkeit aller Bewerber.«
Mary, 42 Jahre, USA

Im Gegensatz dazu geht es bei der **sozialen Kompetenz** direkt um deine Interaktion mit anderen. Die zugehörigen Aspekte sind im Anforderungsprofil oft durch Schlagworte wie Teamfähigkeit, Kommunikationsfähigkeit, Achtsamkeit, gute Umgangsformen und Führungskompetenz zu erkennen. Dementsprechend ist es sinnvoll, in deiner Bewerbung explizit darauf einzugehen. Bei der Einstellung von neuem Kabinenpersonal zählen diese Kompetenzen zu den maßgebenden Faktoren, da Menschenkenntnis und Einfühlungsvermögen unerlässlich in diesem Arbeitsfeld sind. Wer Probleme im Umgang mit Menschen oder Gruppen anderer Kulturen hat, wird im Berufsalltag wenig zufriedenstellend handeln oder gar unangemessen reagieren.

Der dritte wichtige Soft Skill, die **methodische Kompetenz**, zeigt auf, ob du Aufgaben strukturiert angehen und angemessene Lösungen für Probleme finden kannst. Wie gut dir das gelingt, kann das Luftfahrtunternehmen schon anhand deiner Bewerbung erahnen. Sind dein Anschreiben und dein Lebenslauf übersichtlich und vollständig, lässt dies auf eine organisierte Arbeitsweise schließen.

Während die Soft Skills zeigen, welche Stärken du in der späteren Zusammenarbeit mit Kolleginnen an Bord benötigst, geht es bei den Hard Skills um berufliche Qualifikationen. Das sind etwa Fähigkeiten, die du durch schulische oder betriebliche Aus- und Weiterbildungen erworben hast. Dazu zählen ein breit gefächertes Allgemeinwissen, Grundkenntnisse im touristischen oder kaufmännischen Bereich und in der Gastronomie sowie ein versierter Umgang mit Fremdsprachen.

Generell gilt: Solltest du nicht alle Einstellungskriterien der Airline erfüllen, lass dich keinesfalls entmutigen, deine Bewerbung abzusenden. Es ist völlig normal, nicht alles vorweisen zu können oder in manchen Bereichen keine Erfahrungen mitzubringen. Die meisten Leute, die sich bewerben, stehen vor denselben Herausforderungen wie du. Auch Fluggesellschaften wissen, dass mangelnde Fähigkeiten oder fehlende Kompetenzen erlernt, verbessert und trainiert werden können. Außerdem ist dein neuer Arbeitgeber mit seinem Ausbildungsprogramm gut darauf vorbereitet, dir eine solide Grundlage für deine beruflichen Aufgaben zu vermitteln.

Eine Bewerbung lohnt sich allein schon, um zu wissen, wie eine Fluglinie deine Kompetenzen einschätzt und beurteilt. Diese Erkenntnisse kannst du für zukünftige Bewerbungen auch abseits der Luftfahrt nutzen, um dadurch deine Chancen auf einen Arbeitsplatz zu verbessern.

Deine Motivation

Im Verlauf der Bewerbung möchte eine Airline näheres über deine persönlichen Beweggründe erfahren. Wie kommt es zu dieser Berufswahl? Welche Interessen und Begabungen sind bei dir vorhanden? Kommt das Arbeiten in der Gruppe infrage oder machst du lieber dein eigenes Ding? Passen die Dienst- und Ruhezeiten zu deinen Vorstellungen und der Planung deines Alltags? Wie wichtig ist dir der finanzielle Aspekt? Wie flexibel und offen stehst du Veränderungen gegenüber? Wonach richten sich deine langfristigen beruflichen Ziele?

»Lass dein Herz für dich sprechen.«
Jasmin, 19, Tschechische Republik

Diese Überlegungen helfen dir, deine Erwartungshaltung abzustecken und dir über deine Herzenswünsche im Klaren zu sein. Wer sich im Bewerbungsprozess erfolgreich durchsetzen möchte, sollte die Motivation für die Berufswahl als Flugbegleiterin bereits ausstrahlen. Je authentischer du bist, je mehr du von dir zeigst, desto eher wird die Wahl auf dich fallen. Lass dich nicht von den unzähligen angeblich richtigen Antworten im Internet verunsichern. Oft ist es besser, diese Standardfloskeln nicht zu verwenden und stattdessen dein Herz sprechen zu lassen.

Fragen wir Sylvia, 37 Jahre,
Flugbegleiterin aus Nigeria

»Wunscherfüllung nach über sechs Jahren«

»Ich war einfach eine junge Frau, die nicht alle ihre Hoffnungen und Träume versteckte. Flugbegleiterin zu werden ist in meinem Land sehr schwer. Es ist der Traum vieler junger Menschen. Wie bei den meisten anderen reichte auch bei mir das Geld nicht aus, um die Ausbildung bei einer der privaten Akademien aus eigener Tasche zu bezahlen. Dennoch unterstützten mich meine Eltern in meiner Entscheidung. Sie wollten stets einen guten Beruf für mich.

Um die Ausbildung bei einem Luftfahrtunternehmen machen zu können, ohne dabei selbst die Kosten zu tragen, entschied ich mich für ein Computer College und arbeitete für ein IT-Unternehmen. Bis sich mein Traumberuf realisierte, verbrachte ich die Zeit mit vielen Recherchen. Keinesfalls wollte ich Informationen oder aktuelle Entwicklungen verpassen. Meine Gedanken richtete ich stets auf das, was ich haben wollte und was sich in meinem Leben realisieren sollte. In meiner Vorstellung sah ich mich für eine der besten Fluggesellschaften arbeiten. Nach mehr als sechs Jahren langen Wartens war es so weit, mein innigster Wunsch ging in Erfüllung und ich konnte bei einem angesehenen Unternehmen anfangen. Seitdem verfolgen meine Eltern gespannt jeden meiner Schritte. Sie freuen sich mit mir, zählen zu meinen größten Cheerleadern.

Auch heute noch werden meine Kontaktdaten an vorwiegend junge Frauen weitergegeben. Sie fragen mich um Rat, wie auch sie ihren Traum realisieren können, und ich erwidere: Bewirb dich, bewirb dich, bewirb dich! Wenn du einen Traum hast, dann gib ihn nicht achtlos auf!«

Die medizinischen Anforderungen

Die gesundheitliche Betreuung des fliegenden Personals und die Feststellung der Flugtauglichkeit von Pilotinnen und Flugbegleitern ist die Hauptaufgabe von Flugmedizinern. Wie diese Untersuchungen im Detail aussehen, regeln internationale Normen. In der Praxis zeigen sich oftmals große Unterschiede, denn diese Normen enthalten lediglich Mindestrichtlinien. Fluglinien bestimmen den Umfang der medizinischen Kontrollen oftmals für sich selbst, doch das Allgemeinwohl und deine Gesundheit stehen immer an erster Stelle.

Durch periodische Kontrolluntersuchungen soll die Entstehung und das Fortschreiten von Krankheiten verhindert werden. Wird eine drohende Arbeitsunfähigkeit erkannt, kann mittels Therapiemaßnahmen gegengesteuert werden. Dabei werden altersbedingte Beschwerden berücksichtigt, um auch ältere Mitarbeitende flugtauglich zu halten. Große und weltweit agierende Fluggesellschaften haben oftmals eigene flugmedizinische Abteilungen, die als Anlaufstellen für Gesundheitsfragen aller Art genutzt werden können. Unternehmen, die nicht über eine derartige Abteilung verfügen, arbeiten mit frei niedergelassenem flugärztlichem Personal zusammen, das individuell aufgesucht werden kann.

Fit to fly: Deine Flugtauglichkeit

Im Rahmen der ärztlichen Untersuchung wird von dir ein allgemein guter Gesundheitszustand erwartet. Zu Beginn wird ein medizinisches Gutachten (engl. *cabin crew medical report*) erstellt, das deine Flugtauglichkeit bestätigt. Die Kosten dafür sind entweder aus eigener Tasche zu bezahlen oder werden vom zukünftigen Arbeitgeber übernommen. Du erhältst einen detaillierten Fragebogen, in dem deine Vorerkrankungen abgefragt werden. Physische Leiden, Symptome oder therapeutische Dauerbehandlungen dürfen keinesfalls verschwiegen werden. Dieser Fragebogen bildet die Grundlage der medizinischen Untersuchung und des ärztlichen Gesprächs.

Beim Gesundheitscheck werden gezielt Körperregionen untersucht, deren Funktionen direkte Auswirkungen auf die berufliche Tätigkeit haben. Du darfst also keine körperlichen oder psychischen Erkrankungen haben, die eine sichere Ausübung des Dienstes verhindern würden. Dazu gehören neben akuten Einschränkungen auch chronische Krankheiten, unverheilte Wunden, Folgen von Operationen sowie angeborene und erworbene Beeinträchtigungen.

Im Bereich der Sehstärke variieren die Grenzwerte und somit die Anzahl der erlaubten Dioptrien. Jede Fluggesellschaft hat ihre eigenen Leitlinien und Eignungskriterien. Eine Fehlsichtigkeit ist für gewöhnlich kein Grund, auf eine Karriere im Flugdienst zu verzichten, da Brillen oder Kontaktlinsen als Sehhilfen erlaubt sind.

»Beim Autofahren kannst du am Straßenrand anhalten, wenn es dir nicht gut geht. Beim Fliegen haben wir diese Möglichkeit nicht.«
Suleiman, 23 Jahre, Ägypten

Strenger geregelt sind hingegen Erkrankungen und Verletzungen im Hals-Nasen-Ohren-Bereich. Ist der Gehörgang geschädigt, können beim nötigen Druckausgleich schmerzhafte Beschwerden auftreten. Deswegen müssen Infektionen im Ohr ausgeschlossen werden. Das gilt auch für Atemwegserkrankungen aller Art. Die Lungenfunktion darf weder geschwächt noch anderweitig beeinträchtig sein, wie es unter anderem bei bestimmten Allergien der Fall ist. Ein Ausschlussgrund vom Flugdienst sind Allergien und andere Krankheiten immer dann, wenn während der Ausübung einer fliegerischen Tätigkeit von einer Beeinträchtigung auszugehen ist.

Es liegt an jedem und jeder einzelnen, einen Beitrag zur Erhaltung der persönlichen Fitness zu leisten. Ständiges Bücken, Heben und Schieben schwerer Lasten beansprucht den Körper und hat damit Auswirkungen auf die Gesundheit. Bei einem Mangel an sportlichen Aktivitäten als Ausgleich besteht die Gefahr, die Robustheit des Bewegungsapparates einzubüßen. Auch Stress, Rauchen, Übergewicht, Bewegungsmangel und unzureichende Ernährung wirken sich negativ auf das Herz-Kreislauf- und Atmungssystem aus. Da ein gesundheitlicher Mangel zahlreiche Erkrankungsrisiken birgt, sind Tipps und Anregungen, wie ausreichend Bewegung in den Berufsalltag integriert werden kann, Bestandteil der ärztlichen Beratung.

Die Einnahme von Medikamenten ist nur dann erlaubt, wenn deren Wirkung keinen Einfluss auf die Aufgaben im Flugbetrieb hat. Anders als am Boden können manche Arzneimittel in der Luft ungewollte Wechselwirkungen haben. Der Höhenunterschied, die Beschleunigung, der geringe Umgebungsdruck, die reduzierte Luftfeuchtigkeit sowie klimatische Veränderungen können sich auf den Therapieerfolg auswirken. Verschlechtert sich das körperliche Wohlbefinden, hat dies einen unmittelbaren Effekt auf die Leistungsfähigkeit und die Reaktionsgeschwindigkeit der betroffenen Person.

Um die Sicherheit an Bord eines Flugzeuges nicht zu gefährden, gelten für Suchtmittel aus gutem Grund strenge Vorschriften. Die Einnahme von Drogen oder Rauschgiften ist gänzlich untersagt und führt zu dienstrechtlichen oder gar luftfahrtrechtlichen Konsequenzen. Neben der Kündigung oder einer Bußgeldzahlung besteht zudem die Gefahr, direkt mit dem Gesetz eines Gastlandes in Konflikt zu geraten. Mehrjährige Haftstrafen oder Schlimmeres kann die Folge sein. Um das zu vermeiden, werden angehende Flugbegleiterinnen gleich zu Beginn ihrer Karriere auf das Verbot ebenjener Substanzen hingewiesen. Dahingehend fordern manche Fluggesellschaften Bluttests, die gleichzeitig Aufschluss über Infektionen und Erkrankungen, beispielsweise mit dem HI-Virus, geben.

Da Flugreisen große Belastungen und fortwährende Anstrengungen mit sich bringen, würde ein HI-Erreger den Körper zusätzlich schwächen. Da bei der Entscheidung, welche Krankheiten zulässig sind und welche nicht, der Eigen- und Fremdschutz eine wesentliche Rolle spielt, kann eine fliegerische Karriere trotz HIV-Erkrankung nur in Abstimmung mit dem Flugmediziner und im Wissen der Airline ermöglicht werden.

Generell leiden Flugbegleiterinnen unter mehr arbeitsbedingten Krankheiten und Verletzungen, als dies bei Mitarbeitenden anderer Berufe der Fall ist. Die Tätigkeit im Flugzeug ist anstrengend und kann auf Dauer das Immunsystem schwächen. Das überwiegende Stehen ist ermüdend und belastet die Wirbelsäule, die Muskulatur und die Gelenke. Zudem werden Kraft und Ausdauer benötigt, um schwere Gepäckstücke über Kopf verstauen zu können und den teils schwerbeladenen Servierwagen (engl. *trolley*) zu schieben. Als wäre diese Anstrengung noch nicht genug, muss der Körper in der Lage sein, mit dem ständigen Wechsel der Arbeitszeiten sowie den Änderungen der Zeit- und Klimazonen zurechtzukommen.

Zertifikate und Nachweise

Airlines verlangen üblicherweise vollständige Belege über alle bislang erworbenen Kenntnisse. Die Schul-, Ausbildungs- oder Studienzeugnisse werden entweder vorab als Kopie zusammen mit deinem Lebenslauf versandt oder direkt am Tag des Interviews persönlich abgegeben. Im Allgemeinen gilt: Diplome, Urkunden und Zertifikate sind nur dann vorzulegen, wenn diese auch wirklich für den zukünftigen Arbeitgeber relevant sind.

Wenn du schon Berufserfahrung hast, ist es generell erwünscht, Arbeitszeugnisse sowie vorhandene Empfehlungsschreiben anzufügen. Die Nennung von Referenzpersonen bei der Wunsch-Airline kann deiner Bewerbung eine zusätzliche Gewichtung verleihen. Solltest du in einem Land arbeiten wollen, für das du eine Arbeitserlaubnis benötigst, übermittle diese gleich zu Beginn deines Bewerbungsprozesses, um dich für die ausgeschriebene Stelle zu qualifizieren.

»In den USA benötigst du die *social security number*, kurz SSN, nicht nur, um arbeiten zu können. Sie ist auch auf vielen anderen Formularen und Anträgen anzugeben.«
Haley, 21 Jahre, USA

In Einzelfällen kann von dir verlangt werden, zusätzlich einen Nachweis über deine Staatsangehörigkeit oder die Kopie deiner Geburtsurkunde zu senden. Schriftstücke wie diese sind oftmals Teil einer behördlichen Sicherheits- und Personenüberprüfung, damit die Fluggesellschaft im Falle eines erfolgreichen Bewerbungsprozesses Zutrittsberechtigungen, Lichtbildausweise oder Crew-Identifikationskarten ausstellen kann. Mitarbeitende im Flugdienst müssen zuverlässig und vertrauenswürdig sein. Daher ist oft auch der Nachweis eines freien Strafregisters erforderlich, sodass weder Vorstrafen noch Alkohol- und Drogendelikte oder strafrechtliche Verurteilungen verschwiegen werden können.

Schon etwas seltener werden Bescheinigungen über Computerkenntnisse verlangt, da ein gewisses Grundverständnis von den Unternehmen längst vorausgesetzt wird. Etwaige Sprachreisen und längere Auslandsaufenthalte anzuführen, ersetzt zwar die Überprüfungen deiner Fremdsprachenkenntnisse nicht, kann den Ausgang deiner Bewerbung aber positiv beeinflussen. Gleiches gilt etwa für bereits vorhandene Zertifikate in Erster Hilfe oder die Bescheinigung über ein professionelles Schwimmtraining. Solche Leistungsnachweise sind immer förderlich.

Sprachkenntnisse

In kaum einem anderen Beruf wirst du in kurzer Zeit mit derart vielen Sprachen konfrontiert. Je mehr Fremdsprachen du beherrschst, desto wertvoller bist du als Fachpersonal. Als Arbeitssprachen der Luftfahrtbranche hat die internationale Staatengemeinschaft neben Englisch etwa Arabisch, Spanisch, Französisch, Russisch und Chinesisch offiziell anerkannt.

»Zwar sind die Handbücher in meiner Muttersprache Spanisch geschrieben, aber sie fragen dich immer nach Englisch, das ist grundlegend für diesen Beruf.«
Angela Dariana, 27 Jahre, Peru

Abgesehen von Airlines mit rein inländischem Flugverkehr, bei denen die Landessprache für den Alltagsgebrauch ausreichend ist, gilt gutes Englisch als Voraussetzung. Es ist sowohl für die interkulturelle Verständigung als auch für eine weltweit funktionierende Kommunikation unverzichtbar. Passagiere erwarten nicht nur eine sprachgewandte Ansprechperson an Bord, sondern vor allem klare und leicht verständliche Sprachansagen. Doch auch für dich selbst geht die Bedeutung der Fremdsprachenkenntnisse über die Tätigkeit an Bord hinaus. Je besser das Sprachniveau ist, desto leichter lassen sich Alltagssituationen an Flughäfen oder in Hotels bewältigen, Probleme lösen und die Städte dieser Welt genießen.

Fluggesellschaften vertreten den Gedanken: Wer eine Fremdsprache flüssig beherrscht, hat sich mit der entsprechenden Kultur auseinandergesetzt. Dies fördert den Umgang mit sowie das Verständnis für Menschen mit anderer Herkunft. Das ist einer der Gründe, warum sich meist jene Bewerberinnen und Bewerber in der Luftfahrt durchsetzen, die das bessere Sprachniveau haben – zumindest, wenn es um die englische Sprache geht.

Wenn du neben Englisch weitere Sprachkenntnisse mitbringst, solltest du diese unbedingt im Lebenslauf anführen. Jemand, der zweisprachig aufgewachsen ist, hat im Bewerbungsverfahren einen Vorteil, den es auszunutzen gilt. Im Zweifelsfall ist es eine gute Entscheidung, die Kenntnisse der englischen Sprache zu vertiefen, anstatt eine zweite Fremdsprache zu erlernen, die im Vergleich seltener oder nie benötigt wird.

Altersgrenzen

Ebenfalls kontrovers diskutiert werden die international unterschiedlichen Altersgrenzen des Kabinenpersonals. Während es eine breite Übereinstimmung für ein gesetzliches Mindestalter von achtzehn, in manchen Fällen auch einundzwanzig Jahren gibt, wird das Höchstalter weltweit anders gehandhabt. Das pensionsfähige Alter kommt grundsätzlich aufgrund nationaler Regelungen zustande, kann aber durch spezielle Vereinbarungen mit der Fluglinie individuell geregelt sein.

Mancherorts wird mit befristeten Arbeitsverträgen dieser Problematik vorgebaut, um Mitarbeitende im fortgeschrittenen Alter problemlos durch junges Personal ersetzen zu können. So erlischt das Beschäftigungsverhältnis beispielsweise nach fünf Jahren automatisch und kann mit weiteren Befristungen verlängert werden. Auf diese Art hält sich die Airline alle Optionen offen. Zwar ist diese Praxis vielfach von asiatischen Unternehmen bekannt, allerdings finden sich ähnliche Beispiele auch in anderen Regionen wieder. Viele Mitarbeitende nehmen diese Unsicherheit in Kauf und Leben mit dem Risiko, vor Vertragsende nicht zu wissen, wie es beruflich und finanziell weitergeht, wenn der Vertrag tatsächlich ausläuft.

Körpergröße

Die Arbeit in einer Flugzeugkabine setzt gewisse Körpermaße voraus, da der Platz begrenzt ist und somit bestmöglich genutzt werden muss. Auch hier gibt es eine Bandbreite, die in der Regel zwischen 1,65 Meter und 1,85 Meter liegt. Im Zweifelsfall solltest du direkt bei der Fluggesellschaft nachfragen, da es sich mitunter nur um Richtwerte handelt.

Die Mindestgröße stellt sicher, dass du die Überkopfabteile problemlos erreichen kannst, um den Passagieren beim Einsortieren der Handgepäckstücke behilflich sein und die oberen Ablagefächer vor dem Abflug verschließen zu können. Durch das platzsparende Konzept einer Bordküche (engl. *galley*) befindet sich ein Teil der Utensilien in den oberen Läden der kabinenhohen Schränke. Auch an die dort verstauten Gerätschaften und Gegenstände sollst du mühelos herankommen.

Umgekehrt kann eine maximale Körpergröße ebenfalls eine Einstellungsvoraussetzung sein. Kleinere Flugzeuge haben durch ihren kürzeren Rumpf eine geringere Kabinenhöhe. Bist du zu groß, wäre deine Arbeit auf Dauer beschwerlich, da du in der Kabine nicht aufrecht gehen kannst.

Körpergewicht

Welche Vorstellungen Luftfahrtunternehmen beim Körpergewicht haben, ist nur selten nachvollziehbar, da die wenigsten ihre internen Richtlinien offenlegen. Für die einen sind »Idealmaße« Teil der Schönheitsvorstellungen und damit eine wichtige Bewerbungsvoraussetzung, andere sehen hierin jedoch eine Diskriminierung und Benachteiligung von Personen, die über andere Proportionen verfügen.

Allerdings gilt es zu bedenken, dass Untergewicht durch Mangelernährung, eine Essstörung oder eine schwerwiegende chronische Erkrankung zur Fluguntauglichkeit führen kann. Andersherum werden überschüssige Kilos nicht gleich zum Problem. Wer jedoch im Laufe der Karriere zu stark an Gewicht zulegt, darf nicht überrascht sein, wenn eine Diäternährung nahegelegt wird.

Doch keine Sorge, die meisten Unternehmen beurteilen ihre Bewerberinnen und Bewerber nicht nach dem Aussehen, sondern nach ihren Fähigkeiten. Hauptsächlich ist, dass du den körperlichen Anstrengungen im Flugdienst gewachsen bist und im Notfall sowohl anderen als auch dir selbst helfen kannst.

Ein gepflegtes Äußeres

Speziell in der Bewerbungsphase ist der Druck groß, mit dem passenden Kleidungsstück einen gepflegten und positiven Eindruck zu hinterlassen. Das Outfit sollte nicht ablenken, sondern perfekt sitzen. Wähle es so, dass es die Professionalität widerspiegelt, die mit diesem Beruf einhergeht. Dabei ist ideale Passform entscheidend, damit allen Körperregionen geschmeichelt wird und du dich gleichzeitig in der Kleidung wohlfühlst.

Da es sich bei der Luftfahrt um eine konservative Branche handelt, sollte dieser Umstand bei der Wahl des Kleidungsstückes berücksichtigt werden. Freizügige, extravagante, schrille oder allzu kreative Bewerbungsoutfits sind hier nicht angesagt und werden als unpassend erachtet. Besonders aufreizende Kleidung mit tiefem Ausschnitt, ein sommerlicher Minirock, bauchfreie oder körperbetonte T-Shirts, Freizeitklamotten oder auch die festliche Abendgarderobe sind am Tag der Bewerbung unerwünscht. Vielmehr wird ein formeller beziehungsweise eleganter Business-Look mit geschlossenem Schuhwerk erwartet. Wenn du extra neue Schuhe kaufst, solltest du diese vorher unbedingt eintragen. Nichts wäre unangenehmer als plötzlich auftretende Fußschmerzen, die dir womöglich die benötigte Konzentration rauben.

Um dich selbst ins beste Licht zu rücken, gehören saubere Kleidungsstücke sowie frisch gewaschenes und frisiertes Haar zum gepflegten Erscheinungsbild. Männliche Bewerber sollten sich außerdem rasieren. Sichtbare Piercings und Tattoos gelten im Regelfall als problematisch. Sofern möglich ist es besser, diese elegant zu verdecken oder zu entfernen. Es gibt Fluglinien, die sich erst nach einer individuellen Beurteilung des Körperschmucks für oder gegen den Bewerber oder die Bewerberin entscheiden.

Wer auf das Tragen von Schmuck nicht verzichten möchte, sollte diesen seinem ausgewählten Kleidungsstück anpassen. Große, auffallende Ringe, Armbänder und Ketten gelten hierbei als ungeeignet. Dezente und klassische Accessoires passen meist eher zum Gesamtbild. Eine leichte Kosmetik, gepflegte Hände sowie saubere Fingernägel runden dein professionelles Äußeres sowohl für die Bewerbung als auch für den Berufsalltag ab.

Gute Umgangsformen

Kollegiales Verhalten wirkt sich positiv auf das Betriebsklima aus. Für die Arbeitsleistung der Mitarbeitenden und das Ansehen der Fluggesellschaft ist ein freundliches Miteinander einer der Schlüssel zum Erfolg. Nicht zuletzt deswegen gibt es ein paar Verhaltensweisen, die Crewmitglieder beachten sollten.

Zu den guten Umgangsformen zählt vor allem die Loyalität gegenüber dem Arbeitgeber und den Teammitgliedern. Es ist der Wille, im gegenseitigen Vertrauen gemeinsam Aufgaben und Herausforderungen zu bewältigen. Eine Airline muss sich darauf verlassen können, dass ihre Mitarbeitenden auch in der Ferne zusammenarbeiten, um selbst am entferntesten Ort die unternehmerischen Ziele zu verfolgen. Dazu gehört es, Pflichten eigenverantwortlich zu erfüllen und bereit zu sein, auch einmal die eigenen Interessen für das Allgemeinwohl zurückzustellen. Zu den guten Umgangsformen zählt zudem die Verschwiegenheit beziehungsweise die Diskretion. Als Flugbegleiterin hast du Zugang zu unternehmensinternen Informationen, zu denen unter anderem sensible Passagierdaten zählen. Eine Fluggesellschaft setzt hierbei die Integrität aller Mitarbeitenden voraus, da, wie sich leicht vorstellen lässt, ein missbräuchlicher Umgang ernsthafte Folgen haben kann.

»Deine Gesichtszüge können Sympathie vermitteln oder eben auch nicht. Bewahre stets deine aufmerksame und freundliche Mimik.«
Verena, 23 Jahre, Schweiz

Zuspätkommen mag im Privatleben nicht mehr als ein Ärgernis sein, im Berufsleben hat es mitunter weitreichende Konsequenzen. Wenn Flüge nicht rechtzeitig abgewickelt werden können, hinterlässt dies nicht nur verärgerte Fluggäste, denn jede Verspätung kostet die Airline Geld. Pünktlichkeit ist das A und O in der Luftfahrtbranche, zumindest bei den Mitarbeitenden. Im täglichen Flugbetrieb gibt es ohnehin zahlreiche Faktoren, die aus einem planmäßigen Abflug eine Verspätung werden lassen. Ein herannahendes Gewitter, das den Betrieb verzögert, kann das Unternehmen jedoch nicht beeinflussen. Umso wichtiger ist es, dass sie sich auf die Mitarbeitenden verlassen kann. Das beinhaltet beispielsweise die Pünktlichkeit beim Flughafentransfer. Du und deine Kolleginnen müssen zur vereinbarten Abholzeit vor dem Hotel warten. Wer zu spät kommt, bringt nicht nur sich, sondern alle Mitfahrenden in zeitliche Bedrängnis.

Im Umgang mit Flugreisenden sind Eigenschaften wie Zuverlässigkeit, gutes Benehmen, Rücksichtnahme und Höflichkeit die grundlegendsten Voraussetzungen. Die Gäste an Bord erwarten von ihren Flugbegleiterinnen ein angemessenes Auftreten und setzen dies mit der Professionalität der Fluglinie gleich. Darüber hinaus verleihen gute Umgangsformen eine natürliche Autorität, die dir in vielen Situation dienlich ist.

Auswahlverfahren

Jobsuche mit Strategie

Auf der Suche nach neuem Kabinenpersonal nutzen Fluggesellschaften die gängigen Plattformen, schalten Anzeigen im Internet sowie in Zeitungen und machen Fernseh- und Radiowerbung. Klassische Werbeinserate finden sich sowohl auf externen Karriereseiten als auch direkt auf den Websites der Airlines. Manche übertragen die Suche nach neuen Mitarbeitenden auch an Personalbüros, die eine Schnittstelle zwischen den Interessierten und der Fluglinie bilden. Ein zwischengeschaltetes Fremdunternehmen muss für dich aber nicht nachteilig sein – im Gegenteil: Diese Vermittlungen arbeiten auf Erfolgsbasis und haben großes Interesse daran, dass du einen Arbeitsvertrag erhältst.

Beruflicher Erfolg ist heute längst kein Zufall mehr. Natürlich kann eine Portion Glück im Leben nicht schaden, um zur richtigen Zeit am richtigen Ort zu sein. Aber insgesamt verbergen sich hinter einer erfolgreichen Karriere harte Arbeit, ein gewisses Maß an Geschick und eine kluge Vorbereitung auf die jeweiligen Herausforderungen. Wenn du dich bei der Arbeitsplatzvermittlung nicht auf Abwarten, Hoffen und die Fügung des Schicksals beschränken möchtest, solltest du bei der Jobsuche eine strategische Vorgehensweise an den Tag legen. Der Arbeitsmarkt hat viel zu bieten, sodass sich mit etwas Geduld Möglichkeiten für jede Bewerberin auftun. Wichtig ist nur, die Chancen auch zu erkennen und zu nutzen.

»Der Karrierestart ist in jungen Jahren optimal.
Der Beruf bietet spannende Möglichkeiten
mit einem attraktiven Einstiegsgehalt.«
Jacqueline, 39 Jahre, Bolivien

Wie die meisten Branchen ist auch die Luftfahrt schnelllebig. Die Arten der Anstellungsverhältnisse ebenso wie die Arbeitszeitregelungen haben sich in der Vergangenheit mehrfach geändert. Wer nicht aufpasst, verschläft aktuelle Entwicklungen. Halte dich deshalb immer auf dem Laufenden und beobachte aufmerksam, was sich in der Branche tut. Es wäre bedauerlich, wenn berufliche Perspektiven ungenutzt blieben, weil du dich unzureichend informiert hast. Veränderungen und Anpassungen sind generell ein wesentlicher Teil dessen, was Mitarbeitende in der Luftfahrt zu erwarten haben. Welche Trends am Arbeitsmarkt gerade vorherrschen, lässt sich meist nur mit ausreichender Beobachtung und Recherche beurteilen.

Doch nicht nur die aktuellen Entwicklungen des Arbeitsmarktes wollen im Auge behalten werden. Fluggesellschaften sind weit mehr als Dienstleister in der Transportbranche; sie sind vorwiegend technisch ausgerichtete Betriebe. Versuche deshalb, immer am Puls der Zeit zu sein und dich mit technischen Neuheiten auseinanderzusetzen. Ein versierter Umgang mit Computern oder Tablets ist längst kein Vorteil mehr, sondern eine Voraussetzung. Dienstpläne, Fluginformationen und die Arbeitszeiterfassung sind nur einige wenige Elemente, die heute nahezu standardmäßig über private Computer oder Mobiltelefone zwischen Unternehmen und Arbeitnehmerin ausgetauscht werden.

Bei einer Bewerbung geht es darum, Herausforderungen anzunehmen und einen anderen, oftmals unbekannten Karriereweg einzuschlagen. Positives Denken, Mut, Entschlossenheit und Durchhaltevermögen können deine Türöffner in eine neue berufliche Zukunft sein.

Versuche bewusst, alte Gewohnheiten loszulassen und Neues zu wagen. Denn auch wenn diese Verhaltensweisen dir in der Vergangenheit dienlich waren, heißt das nicht, dass sie auch ein Garant für erneuten Erfolg in der Zukunft sind. Im Gegenteil, oft resultieren diese Denkmuster und Strategien aus der Sorge vor dem Unbekannten und können dazu führen, dass du nicht dein Bestes gibst.

Lass dich nicht durch äußere Rahmenbedingungen beeinflussen oder gar durch Voreingenommenheit von einer Bewerbung abbringen, sondern mache selbstbewusst und mutig eigene Erfahrungen. Über jedes Unternehmen gibt es negative Erfahrungsberichte im Internet und manchmal sogar in den Medien, die dich an deinem Vorhaben zweifeln lassen können. So glänzen manche Fluggesellschaften im öffentlichen Meinungsbild durch positive Berichterstattung, während du von anderen noch nie etwas gehört hast. Vielleicht bist du deshalb geneigt, einen Teil der Unternehmen als potenzielle Arbeitgeber vorschnell auszuschließen. Doch genau unter diesen oftmals weniger bekannten Fluglinien könnte sich dein zukünftiger Brötchengeber befinden. Aber das wirst du nur herausfinden, wenn du dich bewirbst. Denn wer nicht wagt, der nicht gewinnt.

Pssst geheim – der verborgene Arbeitsmarkt

Wenn du auf der Suche nach einem Job bist, möchtest du natürlich auf dem Radar deines Wunsch-Arbeitgebers auftauchen. Doch nicht immer geht dies in Erfüllung und du musst dich nach einer Alternative umsehen. Dabei hilft es zu wissen, dass eine Vielzahl der zu besetzenden Stellen an der öffentlichen Wahrnehmung vorbeigeht. Es liegen also Jobs vor deiner Nase, die du nicht sehen kannst, weil du nicht weißt, wonach du suchen sollst.

Generell ist es hilfreich, den Arbeitsmarkt auf unterschiedliche Arten und Weisen zu beobachten. Behalte die Websites von Arbeitsvermittlungen im Blick, die professionelle Bewerber und Unternehmen zusammenführen, und durchsuche systematisch die entsprechenden Brancheninformationen. Auch in den sozialen Medien und bei lokalen Zeitungen kannst du fündig werden. Wirtschaftsmagazine berichten über Wachstumspläne und über Neugründungen von Fluggesellschaften und können daher wertvolle Hinweise auf die Entstehung neuer Arbeitsplätze liefern. Außerdem kannst du in den Ausstellungsverzeichnissen von Luftfahrtmessen und -veranstaltungen die Kontaktdaten von eher unbekannten Unternehmen erfahren.

Als einer der wertvollsten Ratschläge hat sich seit jeher die Vernetzung mit Personen innerhalb der Luftfahrtbranche herausgestellt. Von ihnen kannst du unbezahlbare Tipps, Erfahrungsberichte und Insiderwissen erhalten, das dich deinem beruflichen Ziel näherbringt. Außerdem hast du so die Chance, von einem Arbeitsplatz zu erfahren, der nicht öffentlich ausgeschrieben wird. Gerade kleine und mittlere Unternehmen vergeben Jobs oft über persönliche Kontakte oder Netzwerke, um den finanziellen und organisatorischen Aufwand gering zu halten. Wenn du Kontakte zu Insidern aufbauen möchtest, kannst du dich über soziale Medien mit Personen aus der Branche vernetzen. Du kannst auch den offiziellen Social-Media-Kanälen der Unternehmen folgen, um gegebenenfalls so direkt von einer Ausschreibung zu erfahren.

Richte deine Aufmerksamkeit daher nicht nur auf die großen und bekannten Airlines, sondern suche gezielt nach kleineren Unternehmen mit anderen Schwerpunkten, etwa im Privat- und Businessjet-Bereich oder im Charter-Verkehr. Auf kurzen und aufkommensschwächeren Strecken finden sich Fluglinien, die den Markt mit kleineren Verkehrsflugzeugen bedienen. Diese Unternehmen sind auf den sogenannten Nah- und Regionalverkehr spezialisiert. Die Flotte besteht charakteristisch aus wenigen Flugzeugen, die Anzahl der Mitarbeitenden ist gering und die Flugziele überschaubar. Die geringe Nachfrage in der Nische mindert die Gefahr, dass sich mögliche Konkurrenz breitmacht. Dieses Arbeitsumfeld bietet zwar kaum wechselnde Flugrouten, dafür jedoch stabile Arbeitszeiten und eine gut planbare Freizeit. Weder mit dem Bekanntheitsgrad noch mit den Passagierzahlen der international agierenden Fluglinien können diese Unternehmen konkurrieren. Da sich das auf die Anzahl an eingehenden Bewerbungen auswirkt, kann das deine Chance auf einen Job sein!

Anders als im Linienflug fliegen Charterunternehmen ihre Reiseziele nicht nach einem festen Flugplan an. Wann und wohin geflogen wird, entscheidet einzig und allein der Auftraggeber. In vielen Fällen sind das Reiseanbieter, die ihre Kundschaft durch organisierte Reisen in verschiedene Zielgebiete bringen. Speziell in der Hochsaison ist das ein lukratives Geschäftsmodell. Dazu gehört der sogenannte Ad-hoc-Charter, bei dem ein Flugzeug samt Besatzung für kurzfristige Flugeinsätze oder einmalige Sonderflüge gebucht wird. Eine weitere Möglichkeit, um beruflich zu fliegen, ist die Anstellung im Werksverkehr, bei dem beispielsweise Mitarbeitende eines Konzerns von einem Standort zum anderen befördert werden. Wenn du gezielt nach derartigen Fluggesellschaften suchst, wirst du rasch einige ausfindig machen, die sonst deiner Wahrnehmung entgangen wären.

Auch einen Blick in Richtung Privat- und Businessjetbereich zu richten, verbessert deine Chancen, eine Arbeitsstelle zu finden. Je mehr Wissen du über die unterschiedlichen Einsatzmöglichkeiten sammelst, desto mehr Möglichkeiten entstehen. Während Kontaktdaten von Fluglinien im Allgemeinen leichter auffindbar sind, lassen sich die von Privatjetunternehmen durch eine gezielte Suche ebenfalls aufspüren. Hier hilft ein einfacher Trick: Da gerade dieser Teil der Luftfahrt von seiner Privatsphäre lebt, gelangst du über Flugzeugregister, Websites von Vermittlungen, Zwischenhändlern und Maklerbüros (engl. *broker*) zu den gewünschten Adressen. Als lohnend kann sich zusätzlich der Blick auf Jobangebote für Piloten erweisen. Aufgrund der längeren Einschulungszeit des Cockpitpersonals werden hier Stellen oftmals früher ausgeschrieben als freiwerdende Stellen in der Kabine.

Fragen wir Catarina, 35 Jahre,
Flugbegleiterin aus Portugal

»Wo ein Wille, da ein Weg«

»Da meine Eltern an zwei verschiedenen Orten lebten, wurde ich frühzeitig zur Alleinreisenden erzogen. Was für Vielflieger die silberne oder goldene Mitgliedskarte der Fluglinie ist, war für mich die Umhängetasche für unbegleitete Minderjährige. Sie war der Ausdruck meiner unzähligen Flugreisen. Als Kind bekam ich viel Aufmerksamkeit. So könnte man sagen, ich hatte die geheimen Codes von Flugreisen früh geknackt, indem ich rasch viel Hintergrundwissen sammelte. Ich kannte all die Stärken und Schwächen. Damals wollte ich unbedingt Flugbegleiterin werden.

Dieser Wunsch verblasste zunehmend mit dem Erwachsenenalter. Stattdessen studierte ich Tourismusmanagement und verdiente mein Geld in der Luxushotellerie. Eigentlich dachte ich das wars, der Traum ist abgehakt. Doch im Alter von sechsundzwanzig Jahren erwachte mein verstummter Kindheitstraum erneut zum Leben. Auf einmal wollte ich dem einstigen Berufswunsch Flugbegleiterin wieder nachgehen. Ich bewarb mich bei einer staatlichen Fluggesellschaft und schaffte auf Anhieb die Selektion. War ich am Ziel? Weit gefehlt!

Innerhalb weniger Tage musste ich den gesamten Papierkram in der Zentralstelle der Fluggesellschaft einreichen. Allerdings gab es Probleme mit einem der Dokumente und so kämpfte ich unerwartet gegen das Zeitlimit der Airline. Leider lief mir die Zeit davon und jemand anderes wurde statt mir nachrekrutiert. Enttäuscht, aber keinesfalls entmutigt bewarb ich mich bei anderen Luftfahrtunternehmen. Wo ein Wille, da ein Weg, davon war ich überzeugt. Und tatsächlich bekam ich Angebote. Es benötigte ein paar Bewerbungen, bis ich das richtige Unternehmen für mich fand und meinen Traum lebte.«

Welche Fluggesellschaft ist die richtige?

Die Suche nach dem richtigen Arbeitsplatz gestaltet sich manchmal schwieriger als erwartet. Sich im Vorhinein ein umfassendes Bild vom möglichen Arbeitgeber zu machen, ist eine Herausforderung, da als außenstehende Person vieles anders erscheint, als es in Wirklichkeit ist. Brancheninsider haben es hierbei naturgemäß leichter, die passenden Unternehmen für einen Wechsel ausfindig zu machen. Doch es gibt ein paar Strategien, mit denen auch du herausfinden kannst, ob eine Bewerbung bei Fluggesellschaft A besser für deine Zukunft ist als bei Fluggesellschaft B.

Zweifelsfrei ist es bedeutend, ein zufriedenstellendes Einkommen zu haben, doch für langanhaltendes Glück braucht es mehr als ein hohes Gehalt. Erstmal im neuen Job angekommen und eingelebt, verschiebt sich die Wertigkeit in Richtung der persönlichen Entfaltungsmöglichkeiten und des eigenen Wohlfühlfaktors. Ein gutes Arbeitsumfeld trägt wesentlich mehr zum Glücksempfinden und einer langanhaltenden Zufriedenheit bei als der rein monetäre Aspekt.

Betrachtet man die Größe einer Fluglinie, lassen sich bestimmte Merkmale ableiten, die große von kleinen Luftfahrtunternehmen unterscheiden. Es gilt, sowohl die Stärken als auch die Schwächen gegen die eigene Erwartungshaltung abzuwägen. Versuche dich dabei nicht allzu sehr von den finanziellen Aspekten verleiten zu lassen.

Die großen internationalen Fluglinien, auch *flag carrier* genannt, sind den meisten Menschen ein Begriff. Je besser der Ruf, desto höher die Aufmerksamkeit und die Anzahl an Bewerberinnen, die um eine Anstellung buhlen. Große Fluggesellschaften locken mit zahlreichen Vergünstigungen und großzügigen Rabatten auf Flugtickets. Ihr großflächiges Streckennetz bietet zudem viel Abwechslung und die Möglichkeit, dutzende Gebiete und Städte preiswert kennenzulernen. Eine große Flugzeugflotte oder gar ein Mix aus verschiedenen Maschinentypen sind zusätzliche Anreize eines an sich schon spannenden Arbeitsumfeldes. Die Vielzahl der Abteilungen innerhalb eines Konzerns erhöht das Angebot an internen Weiterbildungen und aussichtsreichen Aufstiegschancen.

Doch wer bei großen Airlines unterkommen möchte, benötigt oftmals einen langen Atem. Die Bekanntheit der Fluggesellschaft trägt dazu bei, dass sich die Bewerbungszahlen auf einem konstanten Hoch befinden. Zu den negativen Aspekten zählt, dass der Berufseinstieg meist mit einigen Hürden und Anstrengungen verbunden ist. Die Folge sind langwierige und mehrstufig aufgebaute Bewerbungsprozesse, in denen die geeigneten Bewerberinnen herausgefiltert werden.

Hat die Fluggesellschaft viele Mitarbeitende, sind interne Hierarchien und das Konkurrenzverhalten stärker ausgeprägt als bei kleineren Airlines. Direkter Kontakt ist meist nur zum unmittelbar nächsten Vorgesetzten üblich, nicht aber in höhere Etagen der Führungsebene. Lange Entscheidungswege, weniger Eigenverantwortung und geringer Spielraum in der persönlichen Arbeitsweise sind hier an der Tagesordnung.

Im Vergleich dazu zählt bei kleineren Fluglinien die vielseitige Einsetzbarkeit der Flugbegleiterinnen. Häufig ist es üblich, kurz- oder langfristig Tätigkeiten zu übernehmen, die außerhalb des eigentlichen Jobprofils liegen. Die Abteilungen sind weniger voneinander abgegrenzt, die Hierarchien meist flacher und Teamarbeit stärker gefordert. Die Arbeitsatmosphäre wird vermehrt als familiär erlebt.

Als Minuspunkt werden die geringeren Aufstiegschancen sowie die begrenzten betriebsinternen Veränderungsmöglichkeiten gesehen. Kleinere Airlines fordern meist mehr Flexibilität von der Belegschaft ein. Durch den direkten Kontakt zu Kolleginnen fühlen sich die Mitarbeitenden sowohl der Unternehmensleitung als auch dem Unternehmen selbst enger verbunden. Dies wiederum führt häufig zur Bereitschaft für Mehrarbeit.

Abseits der traditionellen Fluggesellschaften gehen Jahr für Jahr zahlreiche Marktneulinge an den Start. Manche von ihnen schaffen es, der bunten Airline-Landschaft erhalten zu bleiben, andere verschwinden nach kurzer Zeit wieder. Dies sollte dich jedoch nicht davon abhalten, auch bei unbekannten oder neugegründeten Flugunternehmen anzuheuern.

Die Entscheidung für oder gegen eine große beziehungsweise kleine Airline ist nicht endgültig. Der berufliche Wechsel als erfahrene Flugbegleiterin ist möglich, allerdings solltest du dich jedes Mal aufs Neue mit der jeweiligen Fluggesellschaft beschäftigen und im Vorfeld weitrechende Recherchen anstreben. So gelingt es dir, dich bei deiner Airline wohlzufühlen und den Beruf gerne auszuüben.

Welcher Arbeitgeber für dich geeignet ist, ergibt sich manchmal auch durch den Standort der jeweiligen Luftfahrtgesellschaft. Vor der Bewerbung solltest du über den zukünftigen Arbeitsweg nachdenken. Nicht jede Fluglinie hat eine Basis am nächstgelegenen Flughafen. Lange Fahrzeiten am Ende eines flugintensiven Tages können anstrengend sein, und so wird Stress durch erhöhtes Verkehrsaufkommen zusätzlich belastend oder gar gefährlich.

Befindet sich die Niederlassung des Unternehmens gar in einem anderen Land, ist ein Umzug zum neuen Arbeitsort nötig. Zwar bietet dieser Schritt viele Chancen, allerdings sollte er reiflich überlegt sein. Beruflich bedingt ins Ausland zu ziehen, stellt oft eine bereichernde Erfahrung dar, erfordert aber auch eine gewisse Vorbereitung, um sich an die örtlichen Gegebenheiten anzupassen. Nicht jedem Menschen fällt es leicht, sich auf die Gepflogenheiten des Ziellandes, die neuen Gesetze und die kulturellen oder religiösen Werte im Alltagsleben einzustellen.

Auch die Unternehmenswerte und der kulturelle Hintergrund einer Airline verdienen es, vor der Entscheidung genauer unter die Lupe genommen zu werden. Der respektvolle Umgang mit Mitarbeitenden aller Positionen und Herkünfte sollte ein zentraler Bestandteil der Unternehmenskultur sein. Dies mag zunächst zweitrangig erscheinen, doch langfristig gesehen können diese Aspekte Einfluss auf deinen beruflichen Erfolg und deine Zufriedenheit im Unternehmen haben und damit auch deine allgemeine Lebensqualität beeinflussen. Wer beispielsweise den Kleidungsstil der Uniform nicht mag, wird sich darin kaum wohlfühlen. Wer gesundheitliche Beeinträchtigungen durch den Wechsel der Zeitzonen fürchtet, sollte eine Fluglinie im Langstreckensegment meiden. Mache dir vor deiner Entscheidung in jedem Fall bewusst, welche Aspekte dir bei deinem zukünftigen Arbeitgeber und für deine Lebens- und Karriereplanung wichtig sind. Langfristig zählen diese Dinge mehr als die finanziellen Vorteile des einen oder anderen Unternehmens.

Fragen wir Sze Wan, 30 Jahre,
Flugbegleiterin aus Hong Kong

»In Asien ist die gesellschaftliche Wertschätzung höher«

»Mit der Luftfahrt konnte ich zunächst wenig anfangen. Vielleicht lag es daran, dass ich erst spät begonnen hatte zu reisen. Zum damaligen Zeitpunkt war eine Fluglinie für mich nur ein Unternehmen, mit dem ich von einem Ort zum nächsten gelangen konnte. Ich machte mir keine Gedanken zur Firmengröße, zur Flugzeugflotte oder anderen Unterscheidungsmerkmalen. Mittlerweile bin ich für mehrere Fluggesellschaften geflogen und war in unterschiedlichen Ländern stationiert.

Asiatische Unternehmen sind hierarchisch geprägt, das soziale Miteinander und die internen Rangfolgen sind von traditionellen Rollenmustern beeinflusst. Es gibt eine klare Abgrenzung zwischen Piloten und Flugbegleitern, normalerweise hast du zum Cockpit kaum Kontakt. Zumindest nicht mehr als beruflich unbedingt notwendig. Als Junior musst du hart arbeiten, jedoch weißt du im Vorhinein, was dich erwartet. Dein Vorgesetzter hat eine andere Autorität, er sorgt für klare Anweisungen und Führung, die auch ein gewisses Maß an Abhängigkeit beinhaltet. Für Nicht-Asiaten ist es schwer, die Hierarchien anzunehmen und zu verstehen. Doch selbst Asiaten haben Schwierigkeiten, mit den landestypischen sozialen Eigenheiten zurechtzukommen, zu restriktiv wird manches gehandelt. Es gibt leitende Flugbegleiter, die dir vorgeben, wann und wo du mit der Crew zu Abend zu essen hast. Diese Form der Fremdbestimmung ist nicht jedermanns Sache.

In Asien ist die gesellschaftliche Wertschätzung gegenüber dem Beruf des Flugbegleiters höher als beispielsweise in Amerika oder in Europa. Dafür hast du dort flachere Hierarchien und etwas mehr Selbstbestimmung. Doch auch hier befindest du dich rasch in einem Spannungsfeld. Während in Deutschland etwa deine Freizeit als elementar für den Arbeitserfolg angesehen wird, ist Frankreich stark auf die Arbeitszeit fokussiert. Während die einen in jedem Schritt sicherheitsorientiert sind, bevorzugen die anderen einen innovativen Weg, der wirtschaftliche Risiken in sich birgt. Während du in Deutschland, Österreich und anderen europäischen Ländern mehr Diplomatie benötigst, um beruflich vorwärtszukommen, liegt der Fokus in Großbritannien auf deinen Qualifikationen und Abschlüssen.

In den USA zu arbeiten ist wieder anders. Auch dort ist das Servicekonzept auf Etikette ausgerichtet, allerdings geht es dabei weniger um die Details. Der Alltag lässt sich am ehesten durch eine entspannte und familiäre Atmosphäre beschreiben. Es wird viel Wert auf ein angenehmes Miteinander gelegt. Mehrmals am Tag fragt dich jemand, wie es dir geht. Doch die eher beiläufige Begrüßung ›*Hello, how are you?*‹ ist eine von vielen Höflichkeitsfloskeln, die keinesfalls zu ernst genommen werden sollten. Antwortest du darauf, wie dein Befinden heute ist und was dich alles beschäftigt, erntest du einen verdutzten Gesichtsausdruck.

Mit Unterschieden musst du nicht nur in Bezug auf gesellschaftliche, soziale und kulturelle Gepflogenheiten rechnen, sondern auch in den Bewerbungsprozessen. In Asien wird erwartet, dass du im Vorstellungsgespräch nachgiebig, zugänglich und weichherzig bist. Du solltest absolute Zuversicht ausstrahlen, dass du diesen Job bekommen wirst, und dies deinem Gegenüber durch Fröhlichkeit, aber auch eine gewisse Aufgeregtheit vermitteln. Fragen, die dir gestellt werden, beziehen sich auf Fallstudien, also entweder auf reale Situationen oder technische Belange.
Anders in Europa und Nordamerika, dort solltest du als kontaktfreudige Person mit einem hohen Maß an Selbstbewusstsein auftreten, denn die Fähigkeiten zur persönlichen Entscheidungsfindung werden dort als wichtiger eingeschätzt. Der Bewerbungsprozess insgesamt ist in Europa eine Herausforderung. „Richtige“ Antworten haben einen hohen Stellenwert, deshalb werden deine Aussagen sehr genau beurteilt – viel mehr als anderswo. Da dies auch eine Frage der Herangehensweise ist, liegt es an dir herauszufinden, welche Luftfahrtgesellschaft zu dir passt und wie du dich im Einzelnen vorbereitest.«

Initiativbewerbung

Du hast ein ganz bestimmtes Unternehmen im Blick, das aber gerade keine offenen Stellen ausgeschrieben hat? Anders als in zahlreichen Branchen, in denen eine Initiativbewerbung die Chancen auf eine Arbeitsstelle erhöht, ist diese Möglichkeit für einen Job in der Luftfahrt nur eingeschränkt zu empfehlen. Führt eine unaufgeforderte Bewerbung als Flugbegleiter zum Erfolg, ist dies wohl mehr eine Ausnahme als die Regel.

Um dir selbst die Ausgangslage nicht zu verschlechtern, ist es hilfreich, wenn du weißt, wie eine Fluggesellschaft im Hintergrund arbeitet. Ist der Zeitpunkt falsch gewählt, landen deine Unterlagen womöglich mit den unvollständigen und allgemein unpassenden Bewerbungen auf dem Stapel für die Absagen. Sie werden gesammelt und alle in demselben elektronischen Ordner aufbewahrt. Eröffnet die Fluglinie zu einem späteren Zeitpunkt ein Bewerbungsverfahren, wird nicht mehr unterschieden, warum die Bewerbung zuvor abgelehnt wurde. Im Nachgang macht sich kaum ein Unternehmen die Mühe, nachzusehen, welcher Grund zu der Absage geführt hat. Um dies zu vermeiden, genügt ein kurzer Anruf bei der Personalabteilung und du weißt, ob dein Wunscharbeitgeber Initiativbewerbungen berücksichtigt oder nicht.

Manche Unternehmen sammeln Initiativbewerbungen auch in einer eigens dafür vorgesehenen Warteliste (engl. *waiting list* oder *holding pool*). Bietet die Airline diese Art der Bewerbung an, hat sie für den Moment keinen aktuellen Bedarf, berücksichtigt die Unterlagen jedoch für die nächste Ausschreibung. Der Vorteil für die Personalverantwortlichen liegt bei diesem Vorgehen in der zeitlichen Flexibilität. Wartelisten ermöglichen es, auf kurzfristig freigewordene Stellen oder andere betriebseigene Bedürfnisse rasch zu reagieren.

Stellenangebot

Deine triefgreifende Recherche war erfolgreich und du konntest mehrere vielversprechende Stellenangebote ausfindig machen? Super! Doch wie geht es nun weiter? Zunächst empfiehlt es sich, deine Persönlichkeit und deine Fähigkeiten mit den geforderten Voraussetzungen abzugleichen. Eine Stellenanzeige verrät immer ein wenig über die Fluglinie selbst. Wie stellt sich das Unternehmen dar? Welche Aussagen werden über die Unternehmensgröße, die Anzahl der Mitarbeiter und das Image getroffen? Gibt es Angaben zum Gehaltsniveau, zu den Sozialleistungen und Entwicklungschancen? Und wie passt dies alles zu dir als Person?

Je genauer du deine Fähigkeiten und deine Persönlichkeit analysierst, desto leichter wird es dir fallen, deine Bewerbung zielgerichtet an die ausgewählte Fluglinie anzupassen. Stellenangebote offenbaren meist genau, welche Vorstellungen ein Unternehmen von seinem fliegenden Personal hat. Eventuelle Schwachstellen, die eine Airline bei der Durchsicht deiner Unterlagen finden kann, solltest du gleich zu Beginn des Bewerbungsprozesses ansprechen. Hast du beispielsweise eine Lücke in deinem Lebenslauf, warte nicht, bis die Airline dich danach fragt, sondern nutze die Möglichkeit und erkläre die Gründe dafür direkt im Anschreiben.

Für gewöhnlich kann die Bearbeitung deiner Unterlagen etwas Zeit in Anspruch nehmen, da Fluggesellschaften überdurchschnittlich viele Bewerbungen erhalten. Vermeide ungeduldige Anrufe, um dich nach dem Stand des Bewerbungsprozesses zu erkundigen. Erst wenn sich gar nichts zu tun scheint, kannst du mit einer höflich formulierten Nachricht nachfragen. So bleibst du nicht nur positiv in Erinnerung, sondern bekräftigst dein Interesse an einer Mitarbeit im Unternehmen.

Fragen wir Kyla, 21 Jahre,
Flugbegleiterin aus Südafrika

»Vielleicht ist heute dein Glückstag?«

»Wenn jemand sagt ›Du kannst das nicht‹, musst du noch lange nicht aufhören, an dich selbst zu glauben. Bei mir gab es gleich zwei triftige Gründe, warum ich den Job nicht hätte bekommen sollen – und ich habe ihn trotzdem bekommen.

Als ich mich um den Job als Flugbegleiterin beworben habe, war ich gerade einmal achtzehn Jahre alt. Ich wusste schon, dass sie keine jungen Frauen in der Kabine haben wollen. Die Vorschriften in Südafrika sind streng, strenger als anderswo. Es gibt diese Denkweise, dass nur ältere Mitarbeiterinnen sich Respekt gegenüber den Passagieren verschaffen können. Bei uns lautet eine der Zauberformeln beim Vorstellungsgespräch, selbstbewusst zu sein, aber nicht zu sehr. Du musst als eine Person mit natürlicher Autorität auftreten. Es braucht klare und feste Anweisungen. Das ist umso wichtiger, wenn du bei einer Regionalfluggesellschaft fliegst und aufgrund der Sitzplatzkapazität des Flugzeuges die einzige Flugbegleiterin bist. Da bleibt dir gar nichts anderes übrig, als die Passagiere führen zu können. Diese Fähigkeit möchten sie bei dir sehen. Doch so weit kam ich gar nicht, meine erste Bewerbung wurde umgehend abgelehnt.

Abgesehen vom Alter hatte ich noch eine zweite Hürde zu überwinden. Um mir Geld zu verdienen, nahm ich einen Job am Flughafen an. Nahezu überall wird das als Qualifikation angerechnet. Als ich meine Bewerbung abgeschickt habe, war es genau andersherum. Niemand sollte vom Bodenpersonal zum Flugpersonal ausgebildet werden.

Da ich beide Ablehnungsgründe nicht hinnehmen wollte, musste ich einfach handeln. Und handeln bedeutet für mich, die Grenzen des Machbaren in meinem tiefsten Inneren zu verschieben. Von nun an hatte ich meinen Lebenslauf immer bei mir. Egal ob im Coffeeshop, in der Wartehalle am Flughafen, auf dem Gang vor den Büros, im Aufzug oder sonst wo, ich war jederzeit bereit, meine Unterlagen auszuhändigen.

Ich hielt mich absichtlich an Orten auf, wo mir jemand begegnen konnte. Ich wartete auf die eine Gelegenheit, die mich zum Erfolg führen sollte. Meine Gedanken waren frei von einer vordefinierten Lösung. Ich musste nicht wissen, wie mein Ziel wahr wird, ich musste nur bereit dafür sein. Also sagte ich immer wieder leise zu mir selbst: Hey, vielleicht ist ja heute dein Glückstag?«

Schriftliche Bewerbungsunterlagen

Eine Stellenbewerbung ist immer eine Werbeaktion in eigener Sache. Online-Formulare bieten den Airlines die Möglichkeit, die Daten ihrer Bewerber vorausgewählt und strukturiert zu erhalten. Über eine Eingabemaske erhältst du eine Schritt-für-Schritt-Anleitung, in der du für gewöhnlich dein Bewerbungsschreiben und deinen Lebenslauf hochladen kannst.

Die Schwierigkeit liegt darin, die Fluggesellschaft davon zu überzeugen, dich zum Bewerbungsgespräch einzuladen. Der häufigste Fehler beim Schreiben der Bewerbungsunterlagen ist mangelndes Wissen um die Bedeutung von Anschreiben und Lebenslauf. Auch das Beilegen von Dokumenten, die mit der eigentlichen Bewerbung nichts zu tun haben, kann negativ ausgelegt werden. Stattdessen ist es wichtig, dich selbst richtig zu präsentieren, dein Potential zu benennen, deinen persönlichen Marktwert zu kennen und dich entsprechend zu verkaufen.

Die Verantwortlichen der Personalabteilung eines Luftfahrtunternehmen entscheiden meist nach nur wenigen Minuten über eine Zu- oder Absage. Mehr Zeit wird für die Beurteilung der Kandidatinnen nicht aufgewendet. Es ist also der erste Eindruck, der darüber entscheidet, ob deine Unterlagen zu einem Vorstellungsgespräch oder zu einer Absage führen.

Deine schriftliche Bewerbung sollte deswegen möglichst übersichtlich, gut lesbar und informativ sein. Am besten ist es, wenn sowohl der Inhalt als auch die Aufmachung an das Stelleninserat und somit an die Fluggesellschaft angepasst werden. Das Layout sollte nicht allzu kreativ ausfallen oder gar kompliziert gestaltet sein. Du könntest es beispielsweise auf das Corporate Branding der Airline abstimmen. Fluglinien mögen Klarheit und Struktur. Weniger ist oftmals mehr!

In vielen Fällen sind es die persönlichen und sozialen Kompetenzen, und nicht wie man glauben würde die fachlichen Qualifikationen, die den endgültigen Ausschlag für die Einladung zum Bewerbungsgespräch geben. Darum sollte der Fokus auf jene Fähigkeiten gelegt werden, die für den Beruf als Flugbegleiterin bedeutsam sind. Dazu zählen etwa Kommunikationsstärke, Teamfähigkeit, Konfliktlösungsbereitschaft und Serviceorientiertheit.

Eine Bewerbung sollte nie in Eile beziehungsweise ohne ein Korrekturlesen abgesendet werden. Hole dir in jedem Fall eine zweite Meinung ein, denn eine außenstehende Person kann dir Tipps geben und einen wertvollen Beitrag für die Einschätzung deiner Bewerbungsunterlagen geben. Auch auf Rechtschreibung und Grammatik kann jemand, der deinen Text nicht so oft gelesen hat wie du, besser achten.

Bewerbungsschreiben: Überlegungen und Tipps

Üblicherweise häufen sich die Bewerbungsunterlagen auf den Schreibtischen der Fluglinien und der Recruitingunternehmen. Bei großer Konkurrenz entscheiden oftmals Kleinigkeiten über den weiteren Verlauf deiner Bewerbung. Gravierende Mängel in der Rechtschreibung münden beispielsweise häufig in Absagen. Zwar lässt dies keineswegs Rückschlüsse auf deine Persönlichkeit oder gar deine zukünftige Arbeitsmoral zu, dennoch ist es für Fluglinien leicht, bereits hier eine Vorauswahl zu treffen.

Jede Airline erwartet, dass du dir im Vorhinein ausreichend Gedanken über dich selbst und über die Arbeitsstelle machst, die du besetzen möchtest. Dieser erste positive Eindruck lässt sich bereits in der schriftlichen Bewerbung vermitteln, indem du einen Bezug zur Fluggesellschaft herstellst. Ein guter Schachzug wäre zum Beispiel, geschickt dein Interesse an der jeweiligen Flotte oder dem Streckennetz zu bekunden. Mit wenigen Worten kannst du zeigen, dass du weißt, wofür das Unternehmen steht und was es anbietet.

Keinesfalls dürfen Bewerbungsunterlagen den Anschein erwecken, du hättest dich aus purer Verzweiflung beworben. Zwar kann es vorkommen, dass alle Versuche, als Flugbegleiter Fuß zu fassen, bislang scheiterten, doch das sollte ein möglicher Arbeitgeber niemals spüren oder gar aus dem Zusammenhang herauslesen. Denn dann liegt sofort die Frage nahe, warum es bislang nicht geklappt hat. Die Antwort darauf wird die Personalabteilung eher in dir als in den äußeren Umständen sehen.

Ein Luftfahrtunternehmen hat es gerne, wenn Bewerbungsunterlagen eine nachvollziehbare und leicht verständliche inhaltliche Struktur aufweisen. Entgegen dem weitverbreiteten Glauben bringt zu viel Text nicht den gewünschten Effekt. Weniger ist mehr, und das gilt vor allen Dingen bei der Länge des Anschreibens und des Lebenslaufes. Der jeweilige Inhalt sollte nicht über eine DIN-A4-Seite hinausragen. Versuche deine Botschaft in etwas ausgeschmückter, aber nicht übertriebener Form auf den Punkt zu bringen. Nichts wird dich näher ans Ziel heranführen als eine authentische Darstellung deiner Person. Zeige also, wer du tatsächlich bist und nicht, wer du sein möchtest.

Kopiere möglichst keine Standardformulierungen aus dem Internet. Die meisten davon erkennen die Personalverantwortlichen auf einen Blick. Deine Bewerbung sollte nicht den Anschein erwecken, aus Floskeln fremder Bewerbungsunterlagen zu bestehen. Auch das bloße dreschen inhaltsloser Phrasen hinterlässt keinen guten Eindruck. Positiv aus der Menge hervorzustechen und dabei die Aufmerksamkeit auf dich zu lenken, gelingt dir am ehesten mit an deine Person angepassten Formulierungen.

Fragen wir Sofia, 29 Jahre,
Flugbegleiterin aus Spanien

»Lass sie wissen, was in dir steckt«

»Es gibt Personen, die senden eine Bewerbung fünf- bis sechsmal an ein und dasselbe Unternehmen. In einem speziellen Fall hörte ich sogar von neun Versuchen. Menschen tun das in der Hoffnung, dass ihnen irgendwann das Glück zur Seite steht. Sie beweisen damit zwar Durchhaltevermögen, machen aber ohne es zu wissen dieselben Fehler immer und immer wieder.

Ich liebe Flugzeuge und das bereits seit meiner Kindheit. Sie sind faszinierend, mit ihrer Hilfe kann ich so viel von der Welt sehen, neue Freunde finden und Abenteuer erleben. Diese Liebe zum Reisen hat mich bis heute nicht verlassen. Doch was hat das mit deinen Bewerbungsunterlagen zu tun?

Mein Ratschlag ist einfach: Lasse deine Gefühle, deinen Wunsch und deine Begeisterung in den Zeilen der schriftlichen Bewerbung mitwirken. Der Leser soll spüren, dass du auf eine positive Rückmeldung pochst. Die Fluggesellschaft soll sich sicher sein, dass du diese Stelle wirklich möchtest.

Deine Bewerbung wird auf dem Stapel eines Recruiters landen, der den Großteil seiner Arbeit mit der Bewertung von eingehenden Unterlagen verbringt. Deswegen denke bitte daran: Mache dich interessant, präsentiere dich klug, zeige dich elegant, aber überreibe es nicht. Zeige der Fluglinie Emotionen, lass sie wissen, was in dir steckt, und mache ihnen klar, dass du deinen Traum leben möchtest.«

Bewerbungsschreiben: Gliederung des Inhaltes

Um einen einfachen, passenden und zugleich wirkungsvollen Einstieg in das Bewerbungsschreiben zu finden, beziehe dich auf das aktuelle Stelleninserat und nenne bereits zu Beginn deines Anschreibens den exakten Wortlaut der ausgeschriebenen Position.

Nach einer kurzen Einleitung folgt bereits der informative Hauptteil deiner Bewerbung. Hier möchten Fluggesellschaften mehr über deinen bisherigen Werdegang und die dabei erworbenen Qualifikationen erfahren. Deine schulischen Ausbildungen und Abschlüsse sollten angeführt werden, genauso wie eventuelle vorherige berufliche Stationen. Zwar wird sich das in ähnlicher Form in deinem Lebenslauf wiederfinden, allerdings stört diese Doppelung keineswegs. Verwende alles Positive, was es über dich zu wissen gibt. Solange du wahrheitsgemäße Angaben machst, ist jede Art der Eigenwerbung erlaubt.

»Eine Bewerbung zu schreiben kostet Zeit, Energie und Nerven. Natürlich wollte ich darin besonders gut wirken, gleichzeitig mich keinesfalls darstellen als jemand, der ich nicht bin.«
Suriani, 19 Jahre, Malaysia

Ziel deines Bewerbungsdossiers ist es, zu überzeugen. Das ist deine Chance zu zeigen, dass du die richtige Kandidatin für die offene Stelle bist. Ein positiver Eindruck kann mit wenigen guten Eigenschaften erzeugt werden. Allerdings sollten nur Attribute verwendet werden, die argumentativ belegt werden können. Füge Beispiele für deine Erfahrungen und Qualifikationen an, dies gibt dem Ganzen ein authentisches Bild.
Falsche Tatsachen und Halbwahrheiten müssen tunlichst vermieden werden. Die Personalabteilung soll beim Lesen das Gefühl bekommen, einen schlüssigen Rückblick auf dein berufliches Leben zu erhalten, nicht aber durch erfundene Qualifikationen und Eigenschaften in die Irre geführt werden. Deine persönliche Motivation für die Bewerbung und die Begeisterung für deine zukünftige Tätigkeit sollten jederzeit erkennbar sein. Alternativ kannst du deine beruflichen Ziele nennen. Diese können sich mit dem Angebot der Fluggesellschaft decken. Ein umfangreiches Streckennetz könnte demnach im Einklang mit deinem Reiseinteresse stehen. Du findest viele weitere Möglichkeiten für einen Unternehmensbezug, wenn du die Website der Airline studierst, mit Mitarbeitenden Kontakt aufnimmst oder nach Presseartikeln im Internet suchst.

Im letzten Teil des Bewerbungsschreibens können eventuell in der Stellenanzeige gestellte Fragen, wie beispielsweise zum Stationierungsort, dem frühestmöglichen Eintrittsdatum und einer Vollzeit- oder Teilzeitbeschäftigung, beantwortet werden. Gehaltsvorstellungen anzugeben ist übrigens unüblich, da es dafür in der Regel keinen Verhandlungsspielraum gibt.

Der Abschlusssatz bietet dir schließlich die Möglichkeit, dich noch einmal von deiner sympathischen und höflichen Seite zu zeigen. Dies gelingt dir etwa, indem du signalisierst, für Rückfragen jederzeit erreichbar zu sein. Zu guter Letzt bringe deine Freude über die bevorstehende Einladung zum Bewerbungsverfahren zum Ausdruck und vergiss deine Unterschrift nicht.

Dein Lebenslauf

Der Lebenslauf ist das Kernstück jeder Bewerbung. Bei der Erstellung solltest du dir größtmögliche Mühe geben, da ein Curriculum Vitae (kurz: CV), wie der Lebenslauf oftmals genannt wird, dir den Weg zum Traumjob ebnen kann.

Im Vergleich zu anderen Branchen sollte dein schriftlicher Lebenslauf nicht länger als eine DIN-A4-Seite sein. Das sollte genügen, um alle relevanten Lebensereignisse und persönlichen Eignungen strukturiert aufzulisten. Deine Fähigkeiten und Qualifikationen lassen sich zum Beispiel in tabellarischer Form übersichtlich aufbereiten.
Zu den größten Schwierigkeiten zählt es, unwichtige Inhalte von wichtigen zu unterscheiden. Als Faustregel gilt: Je eher deine Qualifikationen oder bisherigen Tätigkeiten dem Beruf als Flugbegleiter entsprechen, desto wichtiger sind sie einzustufen. Praktika zählen dabei naturgemäß weniger als handfeste Berufserfahrungen, sollten aber dennoch aufgeführt werden, wenn es keine einschlägigen Arbeitserfahrungen gibt. Auch hier wird kreatives Design eher selten gutgeheißen. Der Fokus sollte auf einer klaren und übersichtlichen Gestaltung liegen.

Ganz oben auf dem Lebenslauf sollten deine persönlichen Daten zu finden sein. Dazu gehören dein vollständiger Name, deine aktuelle Postanschrift, dein Geburtsdatum, dein Geburtsort und deine Nationalität. Auch deine Kontaktdaten sollten hier nicht fehlen. Mache es dem Unternehmen so leicht wie möglich, dich zu kontaktieren, indem du sowohl eine seriöse E-Mail-Adresse als auch deine Telefonnummer angibst.

Während in den meisten Ländern ein professionelles Bewerbungsfoto zur Bewerbung dazugehört, gibt es andererseits Regionen, in denen dies aus rechtlichen Gründen nicht erwünscht ist. Etwa in den USA, in Australien,

Irland und dem Vereinigten Königreich legt man Wert darauf, bei der Wahl der Mitarbeitenden unvoreingenommen zu sein und eine möglichst wertfreie Beurteilung der Unterlagen abseits des Aussehens vorzunehmen. In China und Japan hingegen gilt ein Lebenslauf nur mit Bild des Bewerbers als seriös, ein Foto ist hier also Pflicht. Anders in Südamerika, Afrika und Europa, wo professionelle Bewerbungsfotos zwar nicht zwangsläufig vorgeschrieben sind, aber dennoch gerne gesehen werden.
Was für dich und deine Bewerbung letzten Endes zutreffend ist, erfährst du direkt auf der Website der Fluggesellschaft oder durch eingehende Recherche im Internet. In jedem Fall wird empfohlen, sich an die Vorgaben der Airline zu halten.

Das Kernstück deines Lebenslaufes bilden Auskünfte über deine schulischen Ausbildungen sowie deinen bisherigen beruflichen Werdegang. Dies beinhaltet eine Auflistung aller Weiterbildungsmaßnahmen und, falls vorhanden, Praktika sowie Auslandsaufenthalte. Dahingehend denke daran, besondere Leistungen, Erfolge und Abschlüsse anzuführen. Idealerweise sind all diese Informationen chronologisch angeordnet.

Für den Beruf relevante Zusatzkompetenzen können ohne Weiteres detailreicher beschrieben werden. Wenn du entweder noch keine oder nur eine kurze Anstellung in einem Dienstverhältnis hattest, kannst du deine Tätigkeiten ein wenig ausschmücken. Für alle anderen gilt es, den Lebenslauf kurz und einfach zu halten. Die Angabe von Hobbys ist zumeist optional. Hast du etwas vorzuweisen, das besonders gut zu deiner zukünftigen Tätigkeit passt, verwende es gerne. So wirken sich beispielsweise soziales Engagement oder die Ausübung eines Mannschaftssports für die Einschätzung deiner Persönlichkeit positiv aus.

Kürze oder entferne alle Qualifikationen, die für die angestrebte Position als Flugbegleiter irrelevant sind. Lücken im Lebenslauf sollten dabei auf keinen Fall kaschiert werden. Tipps, die in diese Richtung gehen, sind unseriös und du erreichst mit dieser Strategie oftmals das Gegenteil von dem, was du dir erhoffst. Bleibe bei der Wahrheit und erkläre eventuelle Lücken kurz und sachlich, solltest du darauf angesprochen werden. Nicht immer läuft im Leben alles nach Plan und es gehört zur menschlichen Größe, sich dies selbst einzugestehen. Behalte im Hinterkopf, dass Airlines keine Superstars suchen. Vielmehr möchten sie dich genau so kennenlernen, wie du bist. Darum gilt: Mut zur Lücke!

Soziale Medien und Internetpräsenz

Heutzutage stehen uns im Internet unzählige Technologien und Programme zur Verfügung. Wir kennen die Vorteile, die sich aus ihnen ergeben, ebenso wie die Notwendigkeit, sensible Daten zu schützen, insbesondere wenn es um die Privatsphäre geht. Allerdings hängt der Umgang mit persönlichen Daten vom jeweiligen Nutzen der Plattform ab. Mal überwiegt die Skepsis, mal ist die Bereitschaft höher, Informationen zu teilen.

Fluggesellschaften nutzen jede sich bietende Möglichkeit, um sich ein Bild von ihren Bewerbern zu machen. Die schriftlich übermittelten Lebensläufe erzählen – teils aus gutem Grund – meist nur die halbe Geschichte. Daher empfiehlt es sich, mit öffentlich einsehbaren Profilen, Lebensgeschichten, Bildern, Videos, Blogs und Postings sorgfältig umzugehen. Personalabteilungen haben leichtes Spiel – oftmals genügt es, die Namen der potenziellen Bewerber in die Suchmaschinen einzutippen, sodass sich die Hintergründe rasch überprüfen lassen.

»Ich habe schon vor meiner Bewerbung darauf geachtet, dass ich keine nachteiligen Inhalte in den sozialen Netzwerken teile. Aber heute veröffentliche ich kaum noch private Informationen, lieber teile ich meine Eindrücke aus aller Welt.«
Chen Lu, 24 Jahre, Volksrepublik China

Dass sich dein zukünftiger Arbeitsgeber in sozialen Netzwerken über dich erkundigen wird, kannst du zu deinem Vorteil machen. Betrachte jedes soziale Netzwerk und jede Website als eine Art Visitenkarte, die dir die Möglichkeit gibt, dich mit gezielten Informationen und Details professionell zu verkaufen. Nimm dir Zeit für die Datenpflege, schließlich soll der Arbeitgeber nur auf jene persönlichen Bereiche Zugriff haben, die du bereit bist zu zeigen.

Wenn die Personalverantwortlichen Inhalte von dir entdecken, achten sie auf deine Art der Kommunikation und deine Qualifikation. Redest du schlecht über ehemalige Arbeitgeber oder Kollegen? Wie interagierst du mit anderen, wie antwortest du auf Kommentare? Stimmen die Angaben zu Schulbildung und vorherigen Arbeitgebern? Veröffentlichst du diskriminierende Bemerkungen in Bezug auf Geschlecht, Religion oder die Herkunft anderer? Lassen sich Hinweise auf exzessiven Alkohol- oder gar Drogenkonsum finden? Und können weitere Referenzen aus deinem Lebenslauf überprüft werden? Diese Fragen geben Aufschluss darüber, wie du wirklich bist und was andere über dich sagen.

Dieses Wissen kannst du dir auf kreative Art und Weise zunutze machen. Halte deine professionelle Seite stets aktuell und teile dort deine Qualifikationen, veröffentliche gute Referenzen, verweise auf Lob und Anerkennung und poste gute Bilder sowie angemessene Videos. So stehen beispielsweise Urlaubserinnerungen im Zusammenhang mit deinem Reiseinteresse, was zweifelsfrei ein wesentliches Merkmal eines Flugbegleiters sein sollte. Auch könntest du Gruppen beitreten, die ähnliche berufliche Ziele verfolgen und deinen Qualifikationen entsprechen.

Musst du nun die Befürchtung haben, jedes private Detail könnte negative Auswirkungen auf deinen Bewerbungsprozess haben? Auf keinen Fall! Nicht jeder hinterlässt einen digitalen Lebenslauf, und für die Unsichtbaren wirkt sich die Anonymität auch nicht negativ aus. Wer sich dafür entscheidet, sich im Internet zu präsentieren, soll und darf in den Augen einer Fluggesellschaft authentisch sein.

Auch wenn deine Bewerbung erfolgreich war, gilt es weiterhin, achtsam mit den Informationen zu sein, die du veröffentlichst. Verständlicherweise verleiten die unzähligen Eindrücke und Erlebnisse im Berufsalltag dazu, diese auf Plattformen mit anderen teilen zu wollen. Nicht selten verschwimmen dabei die Grenzen zwischen dem Privat- und Berufsleben. Entscheidend dabei ist, keine sensiblen Daten über die Kollegen, das Unternehmen oder gar die Passagiere preiszugeben. Eine unbedachte Veröffentlichung kann ernsthafte Konsequenzen nach sich ziehen. Dein digitaler Lebenslauf verdient deshalb dieselbe Achtsamkeit in der Bemühung, eine Anstellung zu bekommen, wie in der, diese dauerhaft zu behalten.

So glänzt du bei Recruiting-Events

Deine Bewerbung war erfolgreich und du wurdest in die nächste Runde eingeladen? Herzlichen Glückwunsch! Jetzt gibt es verschiedene Wege, wie es weitergehen kann. Fluglinien organisieren oftmals eigene Recruiting-Events, damit sie aus einem möglichst großen Bewerbungspool selektieren können.

Es handelt sich hierbei um eine geschlossene Veranstaltung, die den nächsten und vielleicht entscheidenden Schritt deiner Bewerbung darstellt.

Der Rahmen ist demnach größer als bei gängigen Einstellungsverfahren, dennoch unterscheiden sich die Anforderungen für dich kaum. Alle eingeladenen Personen werden hinsichtlich ihrer fachlichen Eignung, ihrer sozialen Kompetenz und ihres Willens, die Ausbildung mit entsprechendem Lerneifer zu durchlaufen, beurteilt. Deine Motivation für die Mitarbeit in genau diesem Flugunternehmen wird ebenfalls hinterfragt. Ebenso wie in einem herkömmlichen Selektionsprozess werden ausgewählte Testungen, Rollenspiele und Interviews durchgeführt. Vertreter der Fluglinie begutachten dich und deine Konkurrenz dabei sowohl in Einzel- als auch in Gruppenübungen.

Die Bezeichnungen für die Recruiting-Events können recht unterschiedlich sein und reichen von »Flugbegleiterseminar« oder »Jobmesse« über »Open Day«, »Recruitment Day« und »Cabin Crew Assessment Day« bis hin zu »Flight Attendant Casting«. Sie finden häufig in eigens angemieteten Räumlichkeiten außerhalb des Unternehmens statt und werden von den Fluglinien auch als Plattform für Werbung in eigener Sache genutzt. Eine Veranstaltung ist für beide Seiten eine gute Möglichkeit, um sich mit teils wenig Aufwand wirkungsvoll zu präsentieren.

Hinter einem Recruiting-Event steckt zudem die Idee, Bewerberinnen und Bewerber in einer lockeren Atmosphäre kennenzulernen. Mancherorts werden stilvoll eingerichtete Hotelräumlichkeiten gewählt, um ein ungezwungenes Ambiente zu ermöglichen. Dieser öffentliche Rahmen verleitet zu der falschen Annahme, man könne eine gewisse Anonymität wahren. Doch hierbei ist Vorsicht geboten! Die Veranstaltungen sind so arrangiert, dass niemand in der Masse untergeht. Meist wirst du gerade dann beobachtet, wenn du nicht damit rechnest. Schon beim Eintritt ins Gebäude beginnt der tatsächliche Auswahlprozess. Ab diesem Zeitpunkt stehen alle Kandidaten unter genauer Beobachtung des Auswahlkomitees.

Jede Form der Vorbereitung, sei es durch eine gewissenhafte Recherche im Internet, Tipps von Insidern oder generelle Empfehlungen der Fluglinie, erhöht die Chance, eine Runde weiterzukommen. Dein Auftritt, deine Körperhaltung und deine Sprache sollten zu jeder Zeit professionell sein. Bringe deine zuvor online versendeten Bewerbungsunterlagen ausgedruckt mit, am besten zusammengestellt in einer ansprechenden Bewerbungsmappe, und du bist perfekt vorbereitet. Idealerweise sollte deine Dokumentenmappe bereits ein paar Tage vor dem Event fertig sein, damit du in Ruhe noch einmal alle Angaben prüfen und die erforderlichen Nachweise hinzufügen kannst.

Fragen wir Beatrice, 27 Jahre,
Flugbegleiterin aus dem Vereinigten Königreich

»Du bist Sicherheitsprofi, keine Kellnerin«

»Wir kennen es alle: vorbereiten, lernen und Prüfungen bestehen. Jeder muss da durch, ob in der Schulzeit, in der Ausbildung, im Studium oder sogar im Job. Einen Test zu schreiben und über das eigene Können abgeprüft zu werden, bedeutet jedes Mal Unruhe, Stress, Anspannung, Druck, Sorge vor Blackouts und Angst vor dem Versagen. Das muss nicht sein!

Über die Jahre verteilt hatte ich Vorstellunggespräche bei den großen weltweit agierenden Fluggesellschaften wie etwa Qantas, Virgin Atlantic Airways, British Airways, Etihad Airways und Emirates sowie bei Top-Unternehmen im Privat- und Businessjetbereich. Jedes einzelne Selektionsverfahren konnte ich positiv durchlaufen und am Ende mit einem Arbeitsvertrag in der Tasche nach Hause gehen. Jedes dieser erstklassigen Unternehmen bot mir einen Job an. Ich war in der bequemen Situation, stets eine Auswahl zu haben und meine Karriere selbstbestimmt vorantreiben zu können.

Sobald wir zulassen, uns unvorbereitet in eine schwierige Lage zu manövrieren, laufen wir unweigerlich Gefahr zu scheitern. Wir sollten sorgsam mit unseren Chancen umgehen, indem wir uns auf das Unternehmen einstellen. Es gibt Gründe, warum Fluggesellschaften vor einem Auswahlverfahren Informationen preisgeben. Sie erwarten von uns, dass wir uns optimal auf diesen Tag vorbereiten. Manchmal geben sie uns sogar noch Tipps, Tricks und Ratschläge mit, doch leider werden diese nicht von allen aufmerksam umgesetzt.

Bei jedem meiner Auswahlverfahren entdeckte ich erstaunliche Ähnlichkeiten zu den vorangegangen. Airlines suchen Sicherheitsprofis, keine Kellnerinnen. Deswegen richten sie ihre Aufmerksamkeit auf Personen, die mit sich selbst im Reinen sind, die zu ihren Stärken und Schwächen stehen und sich nicht überschätzen. Airlines sind an realen Personen interessiert, nicht an erfundenen Persönlichkeitsmustern. Während der Bewerbungsphase fragen sie sich ständig, wie unser Arbeitsverhalten auf einem 14-Stunden-Flug aussehen könnte. Je mehr sie von unserer Persönlichkeit verstehen, desto klarer wird ihr Bild. Das, was in uns steckt, ist das Wichtigste in diesem Job.«

Welche Tests erwarten dich?

Welche Art von Tests erwarten dich nun am häufigsten bei einem Recruiting-Event? Besonders populär ist die Überprüfung des Allgemeinwissens. Du solltest auf Fragen aus Geschichte, Politik, Kultur sowie dem aktuellen Tagesgeschehen vorbereitet sein. Wird der Bereich Geografie hier noch nicht abgedeckt, erfolgt die Abfrage als separater Wissenstest. Die Fragen zielen auf Länder und deren Hauptstädte, Flüsse, Berge sowie bedeutende Sehenswürdigkeiten ab. Reiseziele innerhalb des Streckennetzes der Airline sollten bei der Vorbereitung genauer betrachtet werden. Diese Überprüfungen finden schriftlich statt, in der Regel als sogenannte Multiple-Choice-Tests. Das bedeutet, dass es zu jeder Frage vier Antwortmöglichkeiten gibt, von denen mindestens eine richtig ist. Der Vorteil bei dieser Art der Abfrage liegt auf der Hand: Solltest du dir einmal nicht sicher sein, hast du trotzdem die Chance, durch das Ausschlussverfahren zu einer plausiblen Lösung zu kommen. Für die Fluglinie liegt der Nutzen in der einfachen Auswertung und der guten Vergleichbarkeit der Ergebnisse miteinander.

»Es ist wie bei einem Turnier. Du kämpfst Runde für Runde, um die nächste Stufe zu erreichen.«

Saki, 25 Jahre, Japan

Ebenfalls zum Standardrepertoire gehören die Sprachtests. Je nach Umfang und Aufgabenstellung können damit unterschiedliche Kenntnisse sowohl in der Muttersprache als auch in einer oder mehreren Fremdsprachen überprüft werden. Üblicherweise werden Vokabeln, Grammatik, Redewendungen, die Ausdrucksweise und der Satzbau getestet. Vorausgesetzt wird Wissen auf Basis des Schulniveaus. Hilfsmittel wie etwa ein Wörterbuch sind hierbei nicht erlaubt.

Mathematisches Verständnis wird zwar von den Fluggesellschaften erwartet, kaum jedoch mittels Testungen überprüft. Falls doch, so erwarten dich leichte Rechenvorgänge in den Bereichen Kopfrechnen, Textaufgaben oder in der Vervollständigung von Zahlenreihen. Möglicherweise sind dir die Rechenregeln aus der Schulzeit noch bekannt, vielleicht auch schon vergessen. Ein kurzer Blick in die Schulbücher kann zur Vorbereitung kein Nachteil sein.

Liegt der Fokus darauf, nichtmuttersprachliche Bewerberinnen einzuschätzen, kommen sogenannte sprachfreie Leistungs- und Konzentrationstests zur Anwendung. So ist es möglich, dass zusammenhängende Wortgruppen mittels einer Auswahl von Bildern zusammengefügt werden sollen. Außerdem könnte es vorkommen, dass Grafiken nach festgelegten Mustern sortiert werden müssen und du unter Zeitdruck möglichst viele Lösungen finden sollst.

Gute Testergebnisse sollten unbedingt angestrebt werden, allerdings lassen diese keine Rückschlüsse auf das generelle Abschneiden im Auswahlprozess zu. Die Erkenntnisse aus den Einzel- und Gruppengesprächen wiegen meist um einiges schwerer. Zeige ein konstantes Leistungsniveau und du hast im Grunde alles getan, um als zukünftiges Teammitglied infrage zu kommen.

Die körperliche Fitness wird von einem flugmedizinischen Sachverständigen festgestellt und beurteilt. In der Regel ist dies eine Ärztin oder ein Team, das sich aus Personen verschiedener medizinischer Fachrichtungen zusammensetzt. Einzig die Mindestgröße beziehungsweise die Mindestarmreichweite kann direkt von den Personalverantwortlichen der Airline überprüft werden. Flugbegleiter müssen bei einer kurzen Demonstration problemlos die oberen Gepäckfächer erreichen, Koffer sowie sonstiges Equipment herausnehmen und erneut verstauen können.

Fluglinien investieren viel Zeit, um die Persönlichkeiten ihrer Bewerberinnen besser einzuschätzen. Obwohl dieser Eindruck hauptsächlich während der Gespräche, Interviews oder Gruppenübungen entsteht, kommen zusätzlich verschiedene schriftliche Persönlichkeitstests zum Einsatz. Die daraus gewonnenen Erkenntnisse dienen als weitere Grundlage, um sich entweder für oder gegen dich zu entscheiden. Die Personalverantwortlichen stellen sich die zentrale Frage, ob du für den Flugdienst geeignet bist und darüber hinaus zum Unternehmen passt.

Wer in der Luftfahrt bereits mit dem einen oder anderen Testverfahren zu tun hatte, wird überraschend viele Parallelen zu allen weiteren finden. Die Tests folgen stets einem festen Schema, um vergleichbare Ergebnisse zu erhalten. Eine gezielte Vorbereitung ist also nicht nur möglich, sondern sogar empfohlen. Wissen, Fertigkeiten und kognitive Fähigkeiten lassen sich gut trainieren.

Manche Testreihen sind mit einem geringen Aufwand zu bewerkstelligen, andere benötigen hingegen ein hohes Maß an Konzentration. Häufig gibt es vor dem Start der eigentlichen Übung einen kleinen Probelauf oder eine einführende Erklärung. Dies senkt die Nervosität aller Teilnehmenden und bietet die Möglichkeit, sich in die bevorstehende Testung hineinzudenken. Bedenke bitte, dass nicht alle Testungen darauf ausgelegt sind, innerhalb der vorgegebenen Zeit gelöst zu werden. Aus diesem Grund solltest du während einer Aufgabe niemals resignieren oder dich entmutigen lassen.

Das Auswahlverfahren in der Gruppe

Ein wichtiger Teil des Auswahlverfahrens besteht aus Gruppenübungen. Sie werden von den Bewerbern oftmals mit einer gewissen Skepsis betrachtet, doch sie sind maßgebend, um herauszufinden, wie sich jede einzelne Person im Team verhält und ob problemlos mit anderen zusammengearbeitet wird. Dafür werden du und deine Konkurrenz in Situationen gebracht, in denen ihr intuitiv und ergebnisorientiert handeln sollt. Die Testleitung verstärkt die Stresssituation, indem sie mit gezielten Nachfragen ein Resultat aus den bevorstehenden Diskussionen einfordert. Dabei geht es in Wirklichkeit nicht um das Endergebnis der Übung. Vielmehr stehen dein Einsatz, die Teamarbeit und deine Motivation auf dem Prüfstand.

Bei diesen Gruppenübungen werden zwei Methoden unterschieden: Bei der etwas einfacheren gibt es eine Fragestellung, die alle Teilnehmenden diskutieren sollen, um die optimale Lösung oder das bestmögliche Ergebnis zu erhalten.

Für diese Aufgabe gibt es eine Vielzahl an Möglichkeiten. Diese drei könnten exemplarisch sein: Wie sollte der ideale Flugbegleiter für die Fluglinie XY aussehen? Was sind die Vorteile/Nachteile einer Billigfluggesellschaft? Oder:

Wie denken Fluggäste über die Umweltauswirkungen und den ökologischen Fußabdruck der Luftfahrt?

Auch bei der zweiten Methode bekommen alle Teilnehmenden dieselbe Aufgabenstellung. Erschwert wird diese dadurch, dass jede Person zusätzliche Anweisungen erhält, die sie in die Gruppenlösung einbeziehen muss. Die Übung kann wie folgt lauten: Die Gruppe soll gemeinschaftlich eine Fluggesellschaft gründen. Jeder bekommt eine eigene Abteilung zugewiesen, die eine gewisse Anzahl an Mitarbeitenden benötigt. Zählt man alle Resorts zusammen, müsste die Fluglinie 120 Personen einstellen. Das Budget erlaubt jedoch maximal 100 Fachkräfte. Nun kommt es auf dein Geschick an, andere Teilnehmende bei der Lösungsfindung nicht zu benachteiligen, da alle Abteilungen gleich wichtig sind. Ziel ist es, die optimale Lösung für die Mitarbeitenden und die Airline zu finden.

Eine andere Aufgabenstellung für die Gruppenarbeit könnte beispielsweise sein, eine Priorisierung der Gebrauchsgegenstände aufzustellen, die nach einem Absturz in der Wüste mitgenommen werden sollen. Die Anzahl der Utensilien muss auf zehn Stück reduziert werden. Da alle Gegenstände eine wichtige Unterstützung im Kampf ums Überleben sind, geht es hier primär um die Meinungsbildung und die Art der Kommunikation mit den anderen Bewerbern.

»Sei unbesorgt, mit der Nervosität geht
es allen anderen im Raum wie dir.
Sei du selbst und arbeite im Team, dadurch
wirst du die bestmögliche Leistung erzielen.«
Alina, 23 Jahre, Rumänien

Während der Gruppenübungen sind mehrere Testleiter anwesend, die euch über die Schultern schauen. Das sollte aber kein Grund zur Panik sein. Sie haben sich vorab abgesprochen und nur einer unter ihnen ist für dich und deine persönliche Beurteilung zuständig. Da diese Person dir nicht bekannt ist, lohnt es sich nicht, dir darüber Sorgen zu machen. Richte deine Aufmerksamkeit lieber auf die Übung und deine persönliche Rolle.

Den anderen zuzuhören und sie aussprechen zu lassen ist eine zentrale Verhaltensregel. Weder solltest du die Führung übernehmen noch in der Masse untergehen. Stelle dich bereits zu Beginn der Übung auf Gegenwind ein. Die anderen Teilnehmenden verfolgen schließlich ebenfalls Strategien. Für dich ist es zielführend, zumindest eine Zeitlang deinen Argumenten treu zu bleiben. Lass dich nicht von deinem Gegenüber verunsichern. Hast du deine Argumentationslinie zweimal vorbringen können, ist es an der Zeit, die eigene Position an den Verlauf der Übung anzupassen. Keinesfalls solltest du auf deiner Meinung zu lange beharren, da sich das negativ auf deine Beurteilung auswirken kann. Wie so oft geht es um das gesunde Mittelmaß und ein gutes Einfühlungsvermögen. Pluspunkte sammelst du damit, andere ins Gespräch zu integrieren. Beachte stets jene, die bislang zurückhaltend waren. Damit zeigst du der Fluglinie, dass du alle Menschen im Blick behältst und viel Teamgeist in dir steckt.

Rollenspiele: So tun als ob

Auch Rollenspiele sind ein elementarer Teil des Auswahlverfahrens. Dabei versucht die Testleitung herauszufinden, wie du als mögliche Mitarbeiterin die Interessen der Fluggesellschaft bei gleichzeitiger Zufriedenstellung der Passagiere wahrst. Gegenstand der Übungen sind immer typische berufsbezogene Konfliktsituationen.

Dein Gesprächspartner kann eine ausgebildete Psychologin, ein Mitarbeiter aus dem Office, eine professionelle Schauspielerin oder ein Flugbegleiter im aktiven Flugdienst sein. Der Sinn des Rollenspieles ist es, eine reale Situation zu simulieren, deren Verlauf nicht vorhersehbar ist. Keinesfalls solltest du einem perfekten Ausgang des Gespräches hinterherjagen, da dies nicht das Ziel der Übung ist. Einmal mehr stehen dein Verhalten, deine Wortwahl und deine Argumentationslinie auf dem Prüfstand. Immer wieder kann sich das Gesprächsklima verändern. Zwischendurch wird zudem der Stresspegel erhöht, um dich zusätzlich aus deiner Komfortzone zu locken. Die Testleitung achtet während dieser Situationen auf deine Körpersprache, deine Mimik und deine Gestik.

Vor Beginn des Gespräches erfährst du die Ausgangssituation, in der du dich wenig später befinden wirst. Ein mögliches Rollenspielszenario könnte zum Beispiel so aussehen: Ein Geschäftsmann beschwert sich über das laute Geschrei eines Kleinkindes. Es stört ihn besonders, da er sich auf ein bevorstehendes Meeting direkt nach der Landung vorbereiten muss. Schließlich habe er ja die Business-Class gebucht, damit er während des Aufenthaltes an Bord arbeiten kann. Das Kleinkind in Begleitung seiner Mutter befindet sich in unmittelbarer Umgebung nur zwei Sitzreihen entfernt. Da jedoch die gesamte Business-Class ausgebucht ist, gibt es keine Möglichkeit, die Passagiere umzusetzen. Lediglich in der Economy-Class gibt es eine freie Sitzreihe, doch diese Möglichkeit liegt nicht im Interesse der Fluggesellschaft beziehungsweise des Reisenden. Mache dich auf einen sturen Geschäftsmann gefasst, der sich bei dir beschweren wird. Das ist deine Chance, um einen versierten Umgang mit dem schwierigen Passagier unter Beweis zu stellen.

In einer anderen Ausgangslage fällt während eines Langstreckenfluges das gesamte Entertainmentsystem an Bord aus. Da die verbleibende Flugzeit bis zum Zielort noch etwas mehr als sieben Stunden beträgt, beschwert sich eine ältere Dame lautstark bei dir. Sie versucht zudem, die Stimmung unter den Mitreisenden aufzuheizen, indem sie die anderen ermutigt, sich ebenfalls zu äußern. Immer wieder fordert sie eine umgehende Reparatur des Entertainmentsystems. Immerhin habe sie viel Geld für den Flug bezahlt und nun das Recht darauf, einen Film zu sehen. Da die Anlage jedoch nur von geschultem Personal am Boden wieder funktionstüchtig gemacht werden kann, liegt es an dir, in dieser Situation eine Lösung des Konflikts zu finden.

Ein Klassiker unter den Rollenspielen ist das Problem einer jungen Familie, die während ihres Urlaubfluges nicht nebeneinandersitzen kann. Beim Einchecken am Flughafenschalter waren bereits alle Sitzplätze vergeben, sodass den Eltern keine Auswahl zur Verfügung stand. Erschwert wird die Situation dadurch, dass beide Kinder zum allerersten Mal fliegen. Es ist naheliegend, dass die Familie alles unternimmt, um den Flug nicht getrennt voneinander verbringen zu müssen. Keine der mitreisenden Personen schein bereit zu sein, den Sitzplatz zugunsten der Familie zu tauschen. Nun liegt es wieder bei dir, alle Möglichkeiten auszuloten, um ein zufriedenstellendes Ergebnis im Sinne der Familie zu erreichen.

Sollten dir die soeben genannten Beispiele Kopfzerbrechen bereiten, sei beruhigt, Rollenspiele sind lernbar. Du kannst diese Szenarien bereits zu Hause gedanklich durchgehen. Je mehr du dich damit auseinandersetzt, desto mehr Argumente und Handlungsweisen werden dir einfallen. Sicherlich kannst du nicht jedes Detail vorab in Betracht ziehen, aber das ist auch nicht nötig. Wenn du die dahinterstehenden Mechanismen einmal entschlüsselt hast, bist du auf jedes Streitgespräch gut vorbereitet.

Während des Rollenspieles wird dein Gegenüber bemüht sein, dich an deine Belastungsgrenze zu bringen. Sei darauf gefasst, dass deine Lösungsvorschläge nicht zum gewünschten Erfolg führen. Der Fluggast wird sich möglicherweise als stur und beratungsresistent erweisen, indem er deine Lösungen vehement ablehnt. In dieser Phase ist es wichtig, den Passagier nicht als das Problem anzusehen, sondern die Situation zu beurteilen, in der er sich befindet.

Lasse dich keinesfalls zu Versprechen hinreißen, die weder du noch die Fluggesellschaft erfüllen können. Wer in seinem Rollenspiel Durchhaltevermögen beweist und dabei stets sachlich bleibt, wird gegen Ende des Gespräches zumeist eine zufriedenstellende Einigung erzielen. Dennoch ist die Lösung des gespielten Problems zweitrangig. Besser ist es, so real wie möglich in die Rolle der Flugbegleiterin zu schlüpfen, um dadurch deine Führungskompetenz präsentieren zu können.

Für eine gute Gesprächsführung ist Folgendes besonders empfehlenswert: Höre deinem Streitpartner gut zu. Insbesondere zu Beginn kannst du viele Details zum Grund der Beschwerde in Erfahrung bringen. Fasse das Gesagte in eigenen Worten kurz zusammen und lasse dir bestätigen, dass du alles korrekt verstanden und wiederholt hast. Lasse dich nicht aus der Ruhe bringen. Es ist die Aufgabe deines Gegenübers, Hektik aufkommen zu lassen. Den Stresspegel zu erhöhen, gelingt am leichtesten mit Änderung der Stimmlage oder der Laustärke. Bleibe stets sachlich und konzentriert. Lege dir zwei oder mehr Lösungswege zurecht. Damit behältst du weitgehende Flexibilität bei deinen Argumenten. Jede Lösung sollte selbstbewusst und freundlich angeboten und eine Einigung zu keinem Zeitpunkt aufgegeben werden.

Das (psychologische) Einstellungsgespräch

Die größte Hürde auf dem Weg zum Traumberuf Flugbegleiter ist zweifelsfrei das persönliche Interview. Hast du es bis hierhin geschafft, ist alles, was nun zählt, einen guten Eindruck zu hinterlassen. Im Gespräch erhältst du die Möglichkeit, dich selbst zu präsentieren und dein Wissen über den zukünftigen Arbeitgeber zu zeigen. Meist liegen deine Bewerbungsunterlagen in Griffweite der Gesprächspartner. Diese haben sich vor Beginn des Interviews mit dem Inhalt deines Lebenslaufes auseinandergesetzt.

Deine Vorbereitung auf das Interview lässt sich bereits Tage im Voraus starten. So kannst du etwa zu Hause vor dem Spiegel stehen und verschiedene Gesprächssituationen ausprobieren. Bestimmt gibt es das eine oder andere über dich zu erfahren. Versetze dich kurzerhand in die Lage der Airline. Viele der Fragen sind zu erahnen, entsprechend leicht ist es, die Antworten vorher zu üben. Gliedere deine Gedanken so, wie du deinen Lebenslauf unterteilt hast. Welche Schul- und Berufsausbildung bringst du mit? Wie sieht dein beruflicher Werdegang aus? In welcher Lebenssituation befindest du dich gegenwärtig? Zusätzlich zu diesen »Hard Facts« über dich, mache dir ein paar Gedanken über die Beweggründe hinter deiner Bewerbung.

Sobald du vor dem Spiegel stehst und übst, fördert das dein kreatives Denken und deinen Entwicklungsprozess. Achte bewusst auf deine Körperhaltung. Eine aufrechte Position lässt dich selbstbewusster erscheinen. Solltest du dazu neigen, während des Sprechens mit den Händen zu gestikulieren, behalte diese vor dem Oberkörper in der Höhe deines Bauchnabels. Falls du unsicher bist, wie du möglichst natürlich stehen sollst, lasse die Schultern locker hängen, der Rest ergibt sich meist von selbst.

Um stets das Zepter in der Hand zu behalten, hat es sich bewährt, die eigenen Bewerbungsunterlagen vor dem Interview nochmals durchzulesen. Wenig später geht es ohnehin um dich, warum also deine Gedanken nicht gleich auf deine Person fokussieren, anstatt dir den Kopf darüber zu zerbrechen, wie das Gespräch verlaufen wird? Negative Gedanken und Zweifel lassen dich unsicher wirken und setzen deine Leistung herab. Doch für Sorgen gibt es keinen Grund, da wohl niemand Fragen zu deiner Person besser beantworten kann als du.

Unterstützung wird dir in diesem Teil des Bewerbungsverfahrens auch von deinen Gesprächspartnern geboten. Im Gegensatz zu den Gruppen- und Rollenspielen sind die Personalverantwortlichen im Interview bemüht, dein Stresslevel möglichst gering zu halten. Üblicherweise beginnt das Gespräch freundlich, je nach Fluggesellschaft auch etwas förmlich.
Eine bewährte Technik der interviewenden Person ist es, dir zunächst einen Überblick über das Unternehmen und einige flugrelevante Kennzahlen zu geben, oder dir Näheres zum weiteren Ablauf des Bewerbungsverfahrens zu erzählen. So kannst du dich beim Zuhören langsam an die veränderten Rahmenbedingungen gewöhnen und dich etwas entspannen. Dabei kann es helfen, dich auf eine ruhige und tiefe Atmung zu konzentrieren. Sobald

du an der Reihe bist, hilft dir eine gute Atmung dabei, mit selbstbewusster und starker Stimme zu sprechen. Offene und entspannte Bewerberinnen und Bewerber werden tendenziell als vertrauenswürdig wahrgenommen. Vorausgesetzt, das Gesprochene ist plausibel und nachvollziehbar.

Um diesen Eindruck nicht zu trüben, vermeide unsachliche Formulierungen sowie eine überzogene Wortwahl. Eine positive Sprache ist wichtig, um die Verantwortlichen von deinen Qualitäten zu überzeugen. Bist du authentisch, natürlich und ehrlich, hast du die besten Chancen auf einen positiven Ausgang des Gespräches. Keinesfalls solltest du Fakten absichtlich verdrehen, lügen oder das Unternehmen anderweitig täuschen. Personalverantwortliche spüren, wenn etwas nicht stimmt.

»Niemand will seine ungeliebten Seiten zeigen.
Bringe den Mut auf und stehe zu deinen Ecken und Kanten.«
Isabela, 32 Jahre, Brasilien

Natürlich kann es passieren, dass du eine Frage gestellt bekommst, die für dich unangenehm ist. Dein Gegenüber meint es nicht boshaft, dennoch kann es sein, dass du dich angegriffen fühlst. Persönliche Angelegenheiten sind nun mal tief privat und das dürfen sie bleiben. Vielleicht ist diese Frage auch gar nicht zulässig? Steht sie erst einmal im Raum, braucht es einen professionellen Umgang, um die Situation für dich zu nutzen. Beschäftige dich deshalb im Vorfeld mit deinen Schwächen. So wird es schwieriger sein, dich aus dem Konzept zu bringen. Du kannst eine unangenehme Frage nur vage beantworten und nicht ins Detail gehen. Auch wäre es möglich, etwas Humorvolles zu erwidern. Setze mit einer geschickten Formulierung die Bedeutung der Frage herab, um solide im Gespräch zu bleiben.

Zur Veranschaulichung ein kurzes Beispiel: Möglicherweise bist du schon etwas älter als deine Mitbewerber und im Interview wird deutlich, dass die Gesprächspartner einem Berufseinstieg mit fünfunddreißig Jahren skeptisch gegenüberstehen. Genau das aber ist dein persönlicher wunder Punkt, da du aus demselben Grund bei einer anderen Fluglinie gescheitert bist. Anstatt deine Gefühle zu zeigen, mache der Airline verständlich, dass es Gründe gibt, warum dein Leben bislang anders verlaufen ist. Auch ist es in Ordnung, wenn du nicht alle deine Erfahrungen mit fremden Personen teilen möchtest. Gibst du ihnen allerdings die Möglichkeit, deinen Lebensweg nachzuvollziehen, werden sie dich und deinen späten Berufseinstieg besser verstehen.

Nimm Bezug darauf, dass alle bisherigen Lebensumstände dich an diesen Punkt gebracht haben. Dass dieser Weg nötig und gut war, um hier und jetzt im Bewerbungsverfahren zu stehen. Du hast Lebenserfahrung gesammelt. Verweise auf berufliche Erfolge oder deine bisherige Arbeit. Ohne dich auf das Problem zu fokussieren, das dein Alter darstellt, kannst du nun über dich sprechen und damit Werbung in eigener Sache machen. Das zieht die Aufmerksamkeit weg von den Bedenken der Airline und hin zu den interessanten Aspekten deiner Person.

Oftmals ist es in einem Interview so, dass die Befragung nicht nur von einer Person durchgeführt wird, sondern mehrere Vertreter der Airline anwesend sind. Halte zu jedem deiner Interviewpartner Augenkontakt. Zwar sollte die Hauptkonzentration immer dem jeweiligen Fragesteller gelten, allerdings richtet sich die Antwort auf eine Frage stets an alle Personen im Raum. Wird das Gespräch von einer Flugpsychologin begleitet, solltest du dein Auftreten nicht verändern. Diese besonders gut ausgebildete Berufsgruppe kann dich rasch professionell einschätzen. Wenn du dich also verstellst und vorgibst, du seist jemand anderes, erkennen psychologische Fachkräfte das dahinterstehende Verhalten sofort. Sie können dein Stressniveau mit gezielten Fragen steuern, erhöhen und wenn nötig senken. Bleib deinen Grundsätzen treu. Gerade in Situationen, in denen du unsicher bist, welche Antwort die richtige ist, bleibe du selbst.

Gegen Ende des Einstellungsgespräches erhältst du häufig die Möglichkeit, selbst Fragen an die Interviewenden zu stellen. Zwei, drei gut vorbereitete Fragen reichen aus, um noch einmal dein starkes Interesse an dem Job zu zeigen. Falls es bis dahin nicht ohnehin besprochen wurde, kann der weitere Ablauf des Bewerbungsgespräches geklärt oder der geplante Zeitpunkt der Personalentscheidung erfragt werden.

Endlich: Die Rückmeldung ist da!

Nach einem anstrengenden Auswahlverfahren beginnt die Zeit des Bangens und des Hoffens. Für gewöhnlich ist mit einer Rückmeldung der Fluglinie binnen weniger Tage nach dem persönlichen Interview zu rechnen. Falls es unerwartet länger dauert, heißt es, einen kühlen Kopf zu bewahren.

Falls du nicht zu jenen zählst, die genommen wurden, ist es völlig normal, Schmerz und Enttäuschung zu verspüren. Immerhin musstest du während des Assessments viel von dir preisgeben, dich konzentrieren und anstrengen, manchmal sogar kämpfen. Dass sich dieser Einsatz nun nicht auszahlt, schmerzt und ist frustrierend. Zurückweisungen sind ein unliebsamer Teil des Lebens, sie bedeuten jedoch keine Abwertung dir oder deiner Persönlichkeit gegenüber. Eine Absage muss längst keine endgültige Entscheidung sein, vielmehr ist es eine Momentaufnahme. Was heute nicht passt, kann morgen vielleicht funktionieren. Wenn du mit einer gescheiterten Mission professionell umgehen kannst, wirst du über dich hinauswachsen.

Es ist nicht ausgeschlossen, dass die Fluglinien zu einem späteren Zeitpunkt auf ehemalige Bewerberinnen zurückgreifen. Zwar wird für Engpässe mit einer eigenen Warteliste vorgesorgt, aber auch vonseiten der Airline ist nicht alles planbar. Gut möglich, dass andere Kandidaten ihre Bewerbung zurückziehen oder den Job nicht antreten. Es gibt eine Vielzahl an Gründen, warum trotz einer bereits zugestellten Absage doch noch einmal nachrekrutiert wird. Zwar kommt das eher selten vor, aber es passiert.

Ganz allgemein erlauben Fluggesellschaften häufig eine zweite Bewerbung, nachdem der erste Versuch misslungen ist. Schon allein deshalb lohnt es sich, eine wertschätzende und positive Gesprächsbasis beizubehalten. Höfliche Umgangsformen finden stets Anerkennung und wahren deine Chancen für eine zukünftige Bewerbung. Beispielsweise könntest du dich in Eigeninitiative für die mitgeteilte Absage bedanken. So hast du gleich die Möglichkeit, dem Unternehmen trotz aktueller Nichtberücksichtigung deine Bereitschaft für eine künftige Zusammenarbeit zu signalisieren. Dies zeigt nicht nur eine dem Berufsstand angemessene Haltung, sondern vor allem deine felsenfeste Entschlossenheit, ein Teil des Flugpersonals zu werden. Auch könntest du deine Rückantwort dafür verwenden, um dich nach Feedback zu erkundigen. Zu wissen, woran du gescheitert bist, hilft dir, aus Fehlern zu lernen und dich gezielter auf zukünftige Bewerbungsprozesse vorzubereiten.

Für den Fall einer positiven Rückmeldung der Fluglinie kennen Freude und Euphorie keine Grenzen. Eine spannende und abwechslungsreiche Zeit liegt vor dir. Meist dauert es nicht lange und die Mitarbeitenden aus den unterschiedlichen Abteilungen melden sich bei dir mit dem Arbeitsvertrag, dem Datum des Trainingsbeginns, Informationen zum Ablauf der Ausbildung sowie Hinweisen zur Erstausstattung mit deiner eigenen Uniform.

Ausbildung

Die internationalen Standards

Hast du das Auswahlverfahren bestanden, erfolgt die Zuteilung zum nächstmöglichen Ausbildungstermin. Der durchschnittlich sechs- bis achtwöchige Kurs ist zwar zeitlich betrachtet kurz, inhaltlich dafür anspruchsvoll und lernintensiv. Anders als man vermuten könnte, ist der Unterricht nicht genormt. Sowohl die Art und der Umfang der Wissensvermittlung als auch der Inhalt der praktischen Übungen liegt weitgehend im Ermessen der Fluggesellschaft.

Diesen Umstand machen sich die Fluglinien zunutze, um das Training ihrem spezifischen Anforderungsprofil anzupassen. So wirst du beispielsweise nur dann für den Service in der Business-Class vorbereitet, wenn die Airline diese Beförderungsleistung anbietet.

Die Internationale Zivilluftfahrtorganisation ICAO (*International Civil Aviation Organization*) empfiehlt ihren Mitgliedern lediglich Mindeststandards in der Schulung von Sicherheitsbestimmungen. Darauf aufbauend kann jede Airline geeignete Maßnahmen ergreifen, um diese Richtlinien umzusetzen. Dementsprechend schwierig gestaltet sich die gegenseitige Anerkennung der Ausbildung, die aufgrund der Unterschiede meist ausbleibt. Für dich hat das dann Auswirkungen, wenn du einen Wechsel des Arbeitgebers anstrebst. In diesem Fall musst du die gesamte Schulung, oder zumindest Teile davon, beim neuen Luftfahrtunternehmen wiederholen und dein Wissen auffrischen beziehungsweise erweitern.

Es geht los: Dein Ausbildungsbeginn

Die Trainingsleitung deines Lehrganges ist meist bunt zusammengewürfelt. Unter den Referentinnen und Instruktoren befinden sich sowohl aktive als auch ehemalige Flugbegleiterinnen und Flugbegleiter. Sie lehren dich und deine Kolleginnen nicht nur praxisbezogene Inhalte, sondern sie beraten euch auch und begleiten den Lehrgang über die gesamte Ausbildungszeit. Unterstützt werden sie von qualifizierten betriebsinternen und externen Trainern wie beispielsweise Sanitätern im Erste-Hilfe-Kurs, Pilotinnen in der Flugwetterkunde sowie Feuerwehrleuten bei der Brandbekämpfung.

Gleich zu Beginn möchte die Fluggesellschaft bei dir einen guten Eindruck hinterlassen, sodass sie ihr eigenes Unternehmen bei jeder sich bietenden Gelegenheit in einem guten Licht präsentiert. Dazu gehört eine erneute Positionierung und eine klare Abgrenzung der eigenen Marktstellung von der Konkurrenz. Du lernst die Abläufe und internen Strukturen kennen und erfährst, was die unternehmerischen Ziele für dich als Flugbegleiterin bedeuten.

Im Laufe der ersten Lehrveranstaltungen werden die Arbeitsschritte beim Fliegen, die Handbücher, das Verhalten während des Dienstes sowie die wichtigsten Fachwörter und -begriffe gelehrt. Schon nach kurzer Zeit kannst du souverän mit den luftfahrttypischen Abkürzungen und dem Fliegeralphabet umgehen. Diese Basisinformationen werden heutzutage vermehrt als Onlinetrainings zur Verfügung gestellt, in denen Videos das Selbststudium unterstützen. Ob nun von zu Hause aus oder klassisch im Unterrichtssaal, die Grundlagen dienen als Vorbereitung für die eigentliche Kernphase der Ausbildung.

Fragen wir Gema, 24 Jahre,
Flugbegleiterin aus Spanien

»Hauptsache, du hast Spaß!«

»Am ersten Tag warten viele neue Eindrücke auf dich. Trotz der Anspannung möchten alle zum Start einen perfekten Eindruck hinterlassen. Mit dem ersten Tag gibst du alte Gewohnheiten auf, um dich in der Berufswelt neu zu orientieren. Gehst du dabei offen und freundlich auf neue Kollegen zu, knüpfst du schon in den ersten Tagen neue Freundschaftsbande.

An meinen ersten Tag erinnere ich mich noch ganz genau, zählt er doch zu den aufregendsten Momenten in meiner Karriere. Ich war so glücklich, meine Ausbildung zur Flugbegleiterin beginnen zu können. Obwohl mein Training selbstfinanziert war, ich also den Erfolgsdruck im Nacken hatte, war für mich das Wichtigste, Spaß daran zu haben. Ich versprühte Zuversicht, Elan und war aufgeschlossen für die Personen um mich herum.

Das Trainingscenter befand sich in einem abgeschiedenen Areal. Inmitten der Natur standen ein paar ältere Gebäude, die im Inneren modern ausgestatten waren. Auf dem Trainingsgelände gab es nicht viel außer Lehrsäle, Büros der Verwaltung und einen Shop für Lebensmittel. Die Häuser mit den Wohn- und Schlafmöglichkeiten waren angrenzend zum Trainingscenter. Das wars auch schon, keine Ablenkung vom Lernen für den neuen Job zu sehen. Es war perfekt!

Es gab keine Einzelzimmer, daher teilte ich mir mein Zimmer mit zwei Kolleginnen. Auf diese Weise entwickelten wir Lernprozesse innerhalb unserer Gruppe. Jede lernte von den anderen, zusammen wiederholten wir große Stoffmengen und prüften unser Wissen gegenseitig ab. Durch unser Zusammenleben mussten wir uns alle einbringen, sich in der zweiten oder dritten Reihe zu verstecken ging nicht, jede leistete ihren Beitrag. Wir haben in dieser Zeit zusammen gelacht, gestritten und uns rasch wieder verziehen.

Wurde es schwierig und brachte uns eine Situation an unsere Grenzen, ermunterten wir uns, weiterzumachen und keinesfalls aufzugeben. Wir lernten die eigenen Schwächen besser kennen, gleichzeitig aber auch die der anderen zu akzeptieren. Wir inspirierten uns und feierten unsere kleinen und großen Erfolge. Was am ersten Tag des Lehrgangs begann, entwickelte sich zu einer Freundschaft fürs Leben.«

Standardisierte Verfahren

Je nach Größe des Luftfahrtunternehmens können pro Tag einige wenige oder mehrere Hundert Flugbewegungen stattfinden. Hinter jedem Start und jeder Landung steckt ein bemerkenswerter Aufwand, um Passagiere samt dazugehörigem Reisegepäck pünktlich abzufertigen. Die Kabinenbesatzung muss dabei Routineaufgaben nach festen Regeln und Normen einhalten, ein willkürliches Arbeitsverhalten würde nicht funktionieren. Als Grundlage dafür dienen die sogenannten *Standard Operating Procedures* (kurz: SOP), die unter anderem in Form von einheitlichen Abläufen, Richtlinien und Checklisten in einem Handbuch festgelegt sind.

Ein gutes Beispiel für das standardisierte Arbeiten an Bord eines Flugzeuges sind die Sicherheitsdemonstrationen. Würden diese jedes Mal auf eine andere

Art und Weise erklärt, wäre das für die Flugreisenden nicht nachvollziehbar. Die Folge könnte eine fehlerhafte Anwendung der Sicherheitsausrüstung oder das Nichtbefolgen der Anweisungen sein, beides wäre im Notfall katastrophal.

**»Wann ich was, wie, wo zu tun habe,
ist gut in den Handbüchern beschrieben.«**
Thomas, 20 Jahre, Deutschland

Sich an die SOP zu halten ist eine strikte Arbeitsanweisung, da jeder Leitfaden im Handbuch auch eine rechtliche Sicherheit für das fliegende Personal bietet. Bei strittigen Situationen innerhalb der Crew oder im Gespräch mit dem Fluggast lassen sich Entscheidungen aufgrund der Vorgaben treffen. Willkürliches Handeln wird auf ein Minimum reduziert, sodass Problemstellungen im Flugbetrieb rasch und effektiv gelöst werden können.

Ebenso werden im Handbuch konkrete Fragen beantwortet. Beispielsweise wie es mit den Dienst- und Ruhezeitenregelungen aussieht, ob Passagiere während der Betankung an Bord sein dürfen, ob die Beförderung von Haustieren in der Flugzeugkabine erlaubt ist und welche Sitzreihen für Babys vorgesehen sind.

Kinder beispielsweise benötigen bei einer Flugreise eine Aufsichtsperson sowie einen eigenen Reisepass. Immerhin leben oder arbeiten Elternteile immer häufiger an weit entfernen Orten. Die Begleitung des Kindes ist in manchen Fällen nicht zu bewerkstelligen. Deswegen besteht für den Nachwuchs, meist ab fünf Jahren, die Möglichkeit als unbegleitete Minderjährige (engl. *unaccompanied minors*) zu reisen. Bei so einem Flug übernimmt die Airline die Aufsichtspflicht durch eigene Betreuungsdienste am Flughafen sowie durch die Kabinenbesatzung an Bord. Auch solche praxisnahen Regelungen findest du in den Handbüchern.

Wird jemand des Landes verwiesen oder zu einem Gerichtstermin geflogen, wird er oder sie von Vollzugsbeamten, der Polizei oder ausgebildeten Sicherheitsfachkräften begleitet. Details über die Personalstärke, Hintergründe, Einzelheiten sowie Sicherheitsvorkehrungen werden vertraulich behandelt. Alle anderen Fluggäste bekommen davon in der Regel nichts mit. Überstellungen auf dem Luftweg sind zwar nichts Ungewöhnliches, dennoch zählen diese nicht zu den standardmäßigen Aufgaben.

Davon unberührt ist der gelegentliche Mitflug eines sogenannten Flugsicherheitsbegleiters (engl. *air marshal* bzw. *sky marshal*), der unteranderem auf Hochrisiko Flugstrecken mit an Bord ist. Hierbei weichen die Regelungen voneinander ab, sodass es auf die Informationspolitik der Fluglinie und die jeweilige aktuelle Gesetzeslage ankommt, ob die Crew über dessen Anwesenheit Bescheid weiß oder nicht.

Die standardisierten Verfahren decken selbst unwahrscheinliche und schwerwiegende Ereignisse ab. Im Ernstfall haben die Mitarbeiter eine Guideline, wie sie beispielsweise mit einer Bombendrohung, einer Flugzeugentführung, einem Sabotageakt oder dem unerlaubten Mitführen einer chemischen oder biologischen Waffe umgehen und sich verhalten sollen. Das Handbuch verweist auf die nötigen Schritte, um einer möglichen Bedrohung zu entkommen oder eine kritische Situation aufzulösen.

Gewisse Ereignisse, die während eines Fluges passieren, müssen von den Mitarbeitenden gemeldet werden. Das betrifft vor allem sicherheitsbedingte Zwischenfälle wie beispielsweise aggressiv gewordene oder gewalttätige Passagiere. Darüber hinaus haben Flugbegleiter die Möglichkeit, freiwillige Reports abzugeben, um die Aufmerksamkeit auf einen bestimmten Umstand zu lenken. Hierzu zählen unter anderem Vorschläge zu Verbesserungen der Arbeitsabläufe sowie flugrelevante Änderungen im Speisen- und Getränkeservice. Statt Unregelmäßigkeiten zu vertuschen, sollen Ursachen gefunden und Probleme gelöst werden.

Dein Arbeitsplatz im Flugzeug

Trotz äußerlicher Ähnlichkeiten unterscheiden sich die Passagiermaschinen im Innenbereich. Jede Kabine ist ein wenig anders, da sie ihrem jeweiligen Zweck entsprechend geplant wurde. Das gilt vor allem für die Bordküche, die komplett nach den Wünschen der Fluggesellschaft eingerichtet wird. Innerhalb der Flotte einer Airline findet sich bei Flugzeugmodellen gleicher Bauart zumeist dieselbe Ausstattung wieder.

Für die Passagiermaschinen im Charter- und Linienverkehr gibt es nur eine überschaubare Anzahl an Flugzeugherstellern. Dafür bieten diese aber eine große Vielfalt an Modellen. Zu den bekanntesten Erbauern zählen unter anderem Airbus, Boeing, Bombardier, Embraer, Iljuschin, Suchoi und Tupolew. Während deiner Ausbildung lernst du die Flugzeuge deines Arbeitgebers mit ihrem individuellen Innenraum genau kennen, damit du dich fortan problemlos zurechtfindest.

Ein weiterer wichtiger Teil der Berufsausbildung behandelt das notwendige Equipment eines Flugzeuges. Vom Gesetzgeber wird eine bestimmte Ausrüstung vorgeschrieben, die in der sogenannten *Minimum Equipment List* (kurz: MEL) festgehalten ist. Du lernst die einzelnen Gegenstände, ihre Funktion und ihren Platz im Flugzeug kennen. Zukünftig werden du und deine Kollegen mittels Checklisten und einstudierten Arbeitsabläufen zu Beginn jedes Dienstes die gesamte Ausrüstung auf ihre Funktionstüchtigkeit und Vollständigkeit hin überprüfen. Nur so kann sichergestellt werden, dass eine einwandfreie Ausrüstung zur Verfügung steht und alles an Bord ist, was auch tatsächlich mitkommen muss.

Nicht nur während deiner Grundausbildung, sogar als fertig ausgebildete Flugbegleiterin wirst du laufend Wissensüberprüfungen über die Notfallausrüstung an Bord unterzogen. Das schließt die genaue Lagerung und Bedienung der Utensilien, etwa des Feuerlöschers, des Erste-Hilfe-Equipments, der Notrutschen und der Schwimmwesten, ein.
Eine schriftliche Überprüfung gilt als erfolgreich bestanden, wenn das Testresultat mindestens fünfundsiebzig Prozent ergibt. Dieser Wert hat sich in der Luftfahrt weitgehend durchgesetzt. Solltest du beim ersten Anlauf weniger Prozentpunkte erreichen, kannst du die Prüfung wiederholen. Wie oft eine Wiederholung möglich ist, entscheidet jedoch die Fluggesellschaft.

Der Transport von Gefahrengut

Es liegt in der Verantwortung des Flughafens, hier speziell beim Sicherheitspersonal, mitgeführtes Handgepäck der Reisenden auf verbotene Gegenstände hin zu durchsuchen. Dennoch ist Vorsicht geboten, da sich unter den erlaubten Artikeln auch Materialien und Stoffe befinden, von denen trotzdem Gefahr für die Sicherheit an Bord ausgehen kann. Beispielsweise ist die Mitnahme von elektronischen Geräten wie Mobiltelefonen oder Laptops gestattet, obwohl diese jederzeit überhitzen können und im schlimmsten Fall anfangen zu brennen. Alltagsgegenstände wie diese werden rasch zum Gefahrengut, ohne dass es den Fluggästen bewusst ist.

Zum Schutz aller gehört es unter anderem zu deiner beruflichen Verantwortung, jene Materialien zu erkennen, die von einer Beförderung an Bord ausgeschlossen sind oder besonderen Transportbedingungen unterliegen. Die Unterscheidung von unbedenklichen, gefährlichen und verbotenen Gegenständen ist Bestandteil deiner Ausbildung und wird vereinzelt durch praktische Fallsimulationen und Gruppenübungen trainiert.

Notwasserung und Überlebenstraining

Um ein vollbesetztes Flugzeug in einer Gefahrensituation rasch und sicher evakuieren zu können, werden die dafür notwendigen Abläufe immer wieder trainiert. Den auszurufenden Kommandos kommt hierbei eine essenzielle Bedeutung zu, da durch klare Anweisungen und Aussagen sowohl du und deine Kolleginnen als auch die Passagiere wissen, was zu tun ist. In Situationen wie etwa einer Notwasserung übernimmst du die Führung und schlüpfst in die Rolle der Überlebensmanagerin.

Die Notrutschen, mit denen die meisten Passagierflugzeuge ausgestattet sind, können binnen Sekunden aufgeklappt und in Betrieb genommen werden. Sie ermöglichen einen sicheren Ausstieg und können bei Bedarf als Rettungsflöße verwendet werden. Je nach Flugzeugtyp gibt es zusätzliche Rettungsinseln, die sowohl für die Fluggäste als auch für die Crew Schutz auf offenem Gewässer bieten. Das darin enthaltene Erste-Hilfe-Set, die Essensreserve und der satellitengesteuerte Notsender erhöhen die Chance, die Notlage zu überstehen und schnell gefunden zu werden.

»Wir machen die praktischen Übungen für unser motorisches Gedächtnis. Dabei wiederholen wir Handgriffe viele Male, um sie abzurufen, wenn es die Situation erfordert. Zum Beispiel, wie wir die Rettungswesten anlegen.«
Amgad, 34 Jahre, Libyen

Für den unwahrscheinlichen Fall einer Notwasserung sind Flugzeuge mit Schwimmwesten ausgestattet. Durch die verschiedenen Signalfarben kann auf einen Blick unterschieden werden, wer zur Crew gehört und wer zu den Fluggästen. Während Passagiere knallgelbe Schwimmwesten erhalten, sind jene für die Flugbesatzung orange.

Das Anziehen und Verwenden der Schwimmwesten im Wasser und außerhalb gehört ebenso zum Training wie das überlebenswichtige Verhalten auf offener See. Zwar zählt das Ertrinken zu den möglichen Gefahren nach einer überstandenen Notwasserung, jedoch darf die Unterkühlung des Körpers aufgrund niedriger Wassertemperaturen nicht unterschätzt werden. Um hierfür im Notfall gewappnet zu sein, gibt es eine effektive Schutzhaltung, die das Absinken der Körpertemperatur im Wasser verlangsamt.

Badespaß mal anders! In Schwimmbädern und Sportanlagen werden diese Übungen so realitätsnah wie möglich durchgeführt. Statt den sonst üblichen Badeutensilien trägst du dein privates Gewand, wenn du ins Wasser springst. Diese Simulation zeigt die veränderte Beweglichkeit, wenn im Ernstfall eine Uniform unter den Schwimmwesten getragen wird, und trainiert das dadurch erschwerte Hilfeverhalten dir selbst und anderen gegenüber.

Feuer und dicker Rauch

Nichts für schwache Nerven: Bricht während des Fluges ein Feuer aus, musst du die Gefahrenquelle löschen können. Deswegen erlernst du all die Abläufe in einer sicheren Umgebung. Ein großer Teil der Schulung widmet sich der effektiven Prävention, also dem Verhindern von Brandursachen.

Obwohl das Rauchen an Bord strengstens verboten und gefährlich ist, halten sich nicht alle Reisenden daran. Der Aschenbecher in der Toilette stellt hierbei eine reine Vorsichtsmaßnahme dar. Sollte jemand sämtliche Warnungen ignorieren, hat die Person so die Möglichkeit, die brennende Zigarette ordnungsgemäß zu entsorgen. Unachtsam im Abfallbehälter entsorgte Tabakwaren können gefährliche Folgen für die Sicherheit aller an Bord haben. Papierhandtücher und andere Materialien sind leicht entzündlich, wodurch Flammen rasch auf weitere Bereiche der Kabine übergreifen könnten.

Um die Brandgefahr zu reduzieren, ist jeder Waschraum mit einem sensibel reagierenden Rauchmelder ausgestattet. Wird der Alarm ausgelöst, ertönt sowohl im Cockpit als auch in der Flugzeugkabine ein lautes Signal. In regelmäßigen Schulungen wird das gesamte Flugpersonal auf den richtigen und schnellen Umgang mit dieser Warnung trainiert, denn im Ernstfall bleibt nur wenig Zeit, um die Flammen unter Kontrolle zu bringen. Feuer und

Rauch beinhalten ein derart großes Gefahrenpotential, dass das Löschen eines Brandherdes noch vor dem ersten Flugdienst zwingend geübt werden muss.

Bei einem Feueralarm stehen Schutzhandschuhe, Atemschutzmasken und Schutzbekleidung zur Verfügung. Die Ausrüstung erinnert an die eines Tiefseetauchers kurz vor seinem Tauchgang. Die Löschübungen und das Hantieren an offenen Feuerstellen wird in einem sogenannten *Mock-up* durchgeführt, das nichts anderes als ein Flugzeugmodell für Demonstrationszwecke ist. In dieser Attrappe werden Großschadensereignisse simuliert, um einen Eindruck von derartigen Notfällen zu bekommen.

Als wärst du in einem echten Flugzeug, füllt sich die Kabine binnen kurzer Zeit mit Rauch. Bei Dunkelheit führen Leuchtstreifen am Boden zum nächstgelegenen Notausstieg, über den das nachgebaute Flugzeug im Beisein einer erfahrenen Ausbilderin verlassen werden muss. Nur wer seine Sicherheitsausrüstung zu bedienen weiß und sich mit seinen Kolleginnen in einer Notsituation koordinieren kann, ist bereit für den Flugdienst abseits der Trainingsumgebung. Dass du auch bei auftretender Panik unter den Fluggästen für Ruhe sorgen kannst, zählt hier ebenso dazu wie der versierte Umgang mit der Löschausrüstung an Bord.

Fragen wir Seoyoung, 33 Jahre,
Flugbegleiterin aus Südkorea

»Wir sind gut darauf vorbereitet«

»Bis zum Start war es ein Arbeitstag wie jeder andere. Unmittelbar nach dem Abheben roch es im Flugzeug nach Rauch. Zu diesem Zeitpunkt saß ich im Cockpit hinter den Piloten. Beide arbeiteten in Ruhe ihre Checklisten ab und landeten das Flugzeug Minuten später sicher retour. So wie wir Flugbegleiter sind auch unsere Piloten für solche seltenen Fälle gut vorbereitet.«

Druckabfall in der Kabine

Ein fester Bestandteil der Sicherheitsdemonstration ist der vorschriftsmäßige Gebrauch der Sauerstoffmasken, um bei einem Druckverlust in der Kabine rasch und sicher reagieren zu können. Bereits die ersten Sekunden entscheiden über dein Wohl und das deiner Fluggäste.

Warum dies in der zivilen Luftfahrt so wichtig ist, zeigt eine kurze Veranschaulichung der Zusammenhänge: Die durchschnittliche Reiseflughöhe einer Passagiermaschine liegt bei etwa 11.000 Metern. In diesem Bereich ist natürliches Atmen für den Menschen ohne technische Unterstützung unmöglich. Deswegen hält die Druckkabine während des Reisefluges den Innendruck konstant auf dem Level von etwa 2.500 Höhenmetern. So können alle Passagiere beschwerdefrei atmen. Extrembergsteigende wissen, dass ab circa 7.000 Höhenmetern die sogenannte Todeszone beginnt, in der eine zusätzliche Sauerstoffzufuhr notwendig ist, um zu überleben. Die Sauerstoffsättigung im Blut nimmt mit der Höhe kontinuierlich ab. Eine Mangelerscheinung des Gewebes, auch Hypoxie genannt, ist die Folge.

Damit man an Bord atmen und problemlos reisen kann, muss in der Kabine ein künstlicher Druck aufgebaut werden. Bei modernen Verkehrsmaschinen wird der optimale Luftdruck automatisch geregelt. Die Triebwerke treiben einen Kompressor an, der die angesaugte Luft verdichtet. Ein Teil dieser noch viel zu heißen komprimierten Luft wird zu einer Kühleinheit geleitet und von dort in die Klimaanlage eingespeist. Nun kann die neue Luft mit der vorhandenen aus der Kabine vermischt werden und für ein angenehmes Klima an Bord sorgen.

Sollte die Druckkabine nicht mehr einwandfrei funktionieren, kann der Druck manuell im Cockpit gesteuert werden. Für das äußerst seltene Szenario eines Totalausfalls befinden sich Sauerstoffmasken in der Verkleidung oberhalb der Sitze. Damit auf dem Schoß sitzende Kinder und in den Gängen arbeitendes Flugpersonal sofort mit Sauerstoff versorgt werden können, sind stets mehr Masken als Sitzplätze vorhanden. Bei Bedarf fallen sie herab und versorgen die Passagiere in einer vollbesetzen Maschine für circa fünfzehn bis zwanzig Minuten mit Atemluft. Das ist genug Zeit, um auf eine Flughöhe zu sinken, in der ohne Maske normal geatmet werden kann. Anschließend wird ein Landemanöver auf dem nächstgelegenen Flughafen eingeleitet.

Erste Hilfe und lebensrettende Maßnahmen

Als Flugbegleiterin bist du weit weniger in technische Zwischenfälle verwickelt, als dies im öffentlichen Meinungsbild vermutet wird. Tatsächlich hast du es häufiger mit Maßnahmen der Ersten Hilfe zu tun. Während im Laufe der Jahrzehnte Verkehrsflugzeuge zuverlässiger und sicherer wurden, wuchs die Sitzplatzkapazität aufgrund immer größerer Maschinentypen an. Nicht nur die Anzahl der Sitzplätze kletterte nach oben, auch die durchschnittliche Reiseflugdauer wurde verlängert. Fünfzehn Stunden oder mehr an Bord eines Flugzeuges zu verbringen, ist heutzutage ohne Weiteres möglich. Mit zunehmender Flugdauer steigt jedoch das Risiko für gesundheitliche Probleme. Einer der Gründe liegt vor allem darin, dass Passagiere stark geneigt sind, ihre Reise auch dann anzutreten, wenn sie gesundheitlich vorbelastet oder angeschlagen sind.

Fliegen Menschen mit chronischen Erkrankungen oder grippalem Infekt, riskieren sie dauerhafte Folgeschäden. Zum Personenkreis der Risikogruppe zählen außerdem Schwangere, Säuglinge, Kinder und ältere Personen, die gesundheitlich angeschlagen sind.

Allerdings kann auch ein gesunder Organismus während des Fluges durcheinandergebracht werden. Kreislaufprobleme, Blähungen, Durchfall, Übelkeit, Kopf- und Ohrenschmerzen gehören zu den häufigsten Beschwerden. Es kann vorkommen, dass sich das Wohlbefinden der Betroffenen rasch verändert. Die wenigsten sind mit eigenen Medikamenten darauf vorbereitet, deswegen liegt es an dir und deinen Kollegen, den Fluggästen zu helfen.

Während der Ausbildung lernst du, Symptome verschiedener Krankheitsbilder zu erkennen und geeignete Maßnahmen zur Linderung zu ergreifen. Zum Wissensrepertoire gehört zudem der Umgang mit Schwächeanfällen, Krampfanfällen, Atemnot, Bewusstlosigkeit, Herz-Kreislauf-Erkrankungen sowie all jenen Problemen, die durch Unfälle, Verletzungen und Verbrennungen mit oder ohne Einfluss von Alkohol, Medikamenten oder Drogen hervorgerufen werden.

Oftmals äußern angehende Flugbegleiterinnen die Befürchtung, beim Helfen etwas falsch zu machen. Zudem lässt die eingeschränkte Grundausstattung nur ein kleines Spektrum an medizinischer Versorgung zu. Die Angst, Fehler zu machen, liegt nahe, doch diese wird durch gezielte Schulungssituationen überwunden. Die eigentliche Herausforderung liegt weniger in den Erste-Hilfe-Maßnahmen selbst als vielmehr in den Gegebenheiten im Flugzeug. Darunter ist etwa die räumliche Enge, die lärmende Umgebung und der erhöhte Adrenalinspiegel zu verstehen. Jede Therapiemaßnahme wird von den umliegenden Sitzreihen aufmerksam verfolgt. Auch das Beisein von hilflosen Angehörigen erhöht den Druck und steigert die Erwartungen an den Erfolg der Hilfsmaßnahme.

Oftmals befinden sich unter den mitfliegenden Passagieren ärztliches Fachpersonal, eine Pflegefachperson oder Rettungskräfte. Deren Unterstützung kann dabei helfen, eine außerplanmäßige Zwischenlandung zu vermeiden. Sollte der Gesundheitszustand der Passagierin eine dringliche Behandlung am Boden notwendig machen, wird eine schnellstmögliche Landung auf dem nächstgelegenen Flughafen eingeleitet, da mintunter jede Minute entscheidend ist. Mit dem Notruf »*Mayday, Mayday, Mayday*« wird von den Pilotinnen sowohl gegenüber anderen Flugzeugen als auch gegenüber den Fluglotsen der Luftnotfall deklariert. Daraufhin bekommt die betroffene Maschine sofortige Priorität im Funkverkehr sowie beim Anflug- und Landeverfahren.

Fragen wir Bernadette, 28 Jahre,
Flugbegleiterin aus Frankreich

»Lieber helfen, statt hilflos zusehen zu müssen«

»Nach einem gravierenden Vorfall an Bord, ob aus medizinischen oder technischen Gründen, denken wir in erster Linie an das Wohl der Passagiere. Kaum jemand macht sich Gedanken um die Kabinenbesatzung, die mitunter ebenfalls Betreuung benötigt.

Wir Flugbegleiter wissen, dass eine Notsituation eintreten kann, die trotz des geschulten Umgangs noch lange nachwirkt. Unsere Ausbildung beinhaltet zwar die Handhabung mit technischen und medizinischen Notfällen, doch unsere Einflussmöglichkeiten sind begrenzt. Kommt es zu einem Herzstillstand bei einem der Passagiere, ergreifen wir umgehend Maßnahmen, um das Leben zu retten. Bleibt unser Bemühen erfolglos, können wir die nun entstehenden Impulse und Gefühle nicht beeinflussen. Wir beginnen mit den eigenen Gedanken zu kämpfen und stellen uns jede Menge Fragen.

Ehrenamtlich habe ich mich dem sogenannten »*Volunteer Peer Support*« angeschlossen. Betroffene können sich ohne die Notwendigkeit eines Psychologen, Psychotherapeuten oder Fliegerarztes an uns Laien wenden, um mit uns unterstützende Gespräche zu führen. Die leidgeplagten Kollegen benötigen oftmals einen Ersthelfer beziehungsweise einen fachkundigen und einfühlsamen Arbeitskollegen, der weiß, was in solchen traumatischen Situationen hilft und was nicht.

Als mir mein Arbeitgeber die Mitarbeit an diesem Programm anbot, war ich sofort dabei. Geht es einem meiner Kollegen schlecht und stehe ich vor der Wahl, möchte ich lieber helfen, anstatt hilflos zusehen zu müssen.«

Boarding completed: Zeit für die Schutzmaßnahmen

Zwar sind die Inhalte der Ausbildung allesamt praxisbezogen, doch sobald es an der Zeit ist, den genauen Flugalltag durchzuspielen, werden vermehrt auch theorielastige Inhalte vermittelt. Doch die gute Nachricht ist: Jetzt ist der zukünftige Beruf schon zum Greifen nah. Im Lehrsaal werden du und deine Kolleginnen nun gedanklich an Bord des Flugzeuges gebracht, um die Schutzmaßnahmen der Reisegäste zu besprechen.

Nach einer Landung bleiben der Flugzeugbesatzung für gewöhnlich dreißig bis fünfzig Minuten Zeit, um die Maschine für den Rück- beziehungsweise Weiterflug vorzubereiten. Bei Billigfluggesellschaften ist das Zeitfenster oft kleiner. Währenddessen haben die Flugbegleiter alle Hände voll zu tun, das gelieferte Catering zu sortieren und die herumliegenden Gegenstände in der Bordküche zu verstauen. Zur selben Zeit arbeitet das Reinigungspersonal unter Hochdruck, um den Innenbereich von liegen gebliebenen Essensresten, Getränkepäckchen, Staub, Schmutz und anderen Hinterlassenschaften des vorherigen Fluges zu befreien. Sobald alle Arbeiten abgeschlossen sind, kann die Freigabe zum Boarden der Fluggäste erteilt werden.

Befinden sich alle Passagiere im Flugzeug, wird »Boarding completed« durchgesagt. Nun ist es an der Zeit, die Fluggäste mit den Sicherheitsvorschriften vertraut zu machen. Ob aus Desinteresse oder Unaufmerksamkeit, manchmal reichen die Lautsprecheransagen alleine nicht aus, und so müssen die Regeln manchen Reisenden nochmals erklärt werden. Auch wenn nicht jede Aufforderung auf Anhieb nachvollziehbar ist, so müssen sich dennoch alle an die Schutzmaßnahmen halten.

So ist beispielsweise die Nutzung des Mobiltelefons nur bei deaktivierter Sendefunktion gestattet. Durch diese Regelung werden die Passagiere nicht durch ihre eigenen Geräte abgelenkt und hören so aktiver den Borddurchsagen der Flugzeugbesatzung zu. In Notsituationen kann dies mitunter lebensnotwendig werden.

Darüber hinaus werden die Fluggäste gebeten, bei Start und Landung ihre Sitzlehnen senkrecht zu stellen und die Tische vor sich hochzuklappen. Auch wenn sich diese zusätzliche Ablagefläche ideal für Unterlagen, Bücher, Smartphones oder Tablets eignet, der kleine Tisch könnte bei einem abrupten Bremsmanöver ernstzunehmende Verletzungen im Bauchbereich hervorrufen. Bei einer drohenden Notlandung werden Fluggäste aufgefordert die sogenannte Sicherheitsposition (engl. *brace position*) einzunehmen. Um die Verletzungsgefahr für die inneren Organe zu minimieren, wird dabei der Körper fest zwischen den Sitzreihen eingeklemmt. Den für diese Körperhaltung nötigen Platz haben Flugreisende aber nur dann, wenn die vordere Sitzreihe die Rückenlehne in eine aufrechte Position gebracht hat.

Ebenfalls wird verlangt, die Fensterblende im Flieger bei Start und Landung offen zu halten. Durch diese Maßnahme können sowohl Passagiere als auch die Kabinenbesatzung im Falle einer Gefahrensituation ungehindert nach draußen sehen und sich damit einen Überblick über die Lage verschaffen. Aus demselben Grund wird das Licht in der Kabine bei Dämmerungs- und Nachtflügen ausgeschaltet oder gedimmt. Die Augen können sich dadurch besser an die Dunkelheit im Flugzeuginneren und an die äußeren Lichtverhältnisse gewöhnen. Außerdem können die Leuchtstreifen am Boden rascher wahrgenommen werden. Diese weisen den Weg zum nächstgelegenen Notausstieg, der frei von Handgepäck und herumliegenden Jacken sein muss. Im Ernstfall kann dieser die einzige Möglichkeit zum Verlassen des Flugzeuges darstellen.

Die Notausgangsreihen sind unter den Reisenden recht beliebt, da sie mehr Beinfreiheit bieten als die Standardsitzreihen der Economy-Class. Doch nicht jede Person darf dort sitzen. Die Kabinenbesatzung muss darauf achten, dass niemand diese Plätze einnimmt, der oder die selbst Unterstützung im Fall einer Evakuierung benötigen würde. Dazu zählen Schwangere, Kinder und jene Personen, die durch Krankheit oder aus Altersgründen eingeschränkt mobil sind.

✓

Fragen wir Mark, 51 Jahre,
Flugbegleiter aus den USA

»Die Kinder sehen zu«

»Normalerweise schenken nur wenige Passagiere den Sicherheitsdemonstrationen ihre Aufmerksamkeit. Die Ausnahmen hiervon sind Kinder sowie Reisende, die zuvor von einem Flugzeugunglück gehört haben. Aber das hält meist nur für eine Woche. Dann ist es wieder aus dem Gedächtnis verschwunden. Im Allgemeinen sind wir Flugbegleiter es gewohnt, ignoriert zu werden, bis zu dem Zeitpunkt, an dem es turbulent wird oder es ungewohnte Geräusche gibt. Plötzlich haben wir die ungeteilte Aufmerksamkeit von hundert Passagieren, die uns zeitgleich verwundert ansehen. Das ist der Moment, in dem unser Gesichtsausdruck über die Reaktion der Passagiere entscheiden kann. Was auch immer es ist, wir lernen, nicht besorgt auszusehen.«

Der Speisen- und Getränkeservice

Abseits der überlebenswichtigen Schutzmaßnahmen wirst du gleichermaßen auf die alltäglichen Aufgaben als Flugbegleiterin vorbereitet. Ein Teil dessen ist zum Beispiel die Verpflegung der Gäste an Bord. Sie ist für viele der Flugreisenden ein wichtiger Aspekt, der zur Zufriedenheit beiträgt.

Der Essens- und Getränkeservice blickt auf eine lange Tradition im Flugverkehr zurück. In den Anfängen der kommerziellen Luftfahrt, als ein Flugzeug noch kein Massenverkehrsmittel war, konnte mit dem Essen die Exklusivität eines Fluges unterstrichen werden. Zugleich war es ein Signal an alle, die zum ersten Mal geflogen sind, dass die Furcht vor dem Fliegen nicht gerechtfertigt ist. Denn wie kann etwas gefährlich sein, wenn so etwas Banales und Alltägliches wie die Nahrungsaufnahme ohne Weiteres an Bord möglich ist? Dieser Grundgedanke ist bis heute erhalten geblieben. Das Essen lenkt nicht nur von Ängsten und Sorgen ab, es steigert auch das Wohlbefinden und die persönliche Zufriedenheit.

Selbst auf Flügen mit kurzer Dauer wünschen sich zahlreiche Fluggäste eine kleine Mahlzeit. Falls überhaupt, werden auf Kurzstreckenflügen nur Snacks angeboten. Je nach Fluglinie und Leistungsumfang des Tickets können diese entweder im Flugpreis enthalten sein oder gegen Aufpreis erworben werden. Lediglich bei Langstreckenflügen ist es üblich, komplette Menüs im Ticketpreis zu inkludieren.

Im Ausbildungsunterricht wird zunächst darauf eingegangen, wie du dich selbst am besten in der Bordküche organisierst. Denn dort hat jede Box ihre zugewiesene Ablagefläche. Dieses durchdachte System muss beim Ein- und Ausräumen unbedingt beibehalten werden. Gleiches gilt für die Anordnung der Getränke- und Essenswagen, deren korrekte Handhabung in praktischen Übungen trainiert wird.

Im Flugzeug hat jede Flugbegleiterin einen Servicebereich und ist für gewisse Sitzreihen verantwortlich. Die Betreuung der Fluggäste erfolgt nach einem Konzept, welches nach einem festen Schema abläuft und vor dem Flug besprochen wird. Viele Fluggesellschaften entscheiden sich dafür, zunächst die Passagiere am Fenster zu bedienen, dann jene auf den Mittelsitzen und schließlich den Personen am Gang die Serviceleistung anzubieten.

»Wenn ich die Erwartungen meiner Passagiere übertreffe, werden sie auch in Zukunft wieder mit uns fliegen.«
Danielle, 24 Jahre, Singapur

Die einheitliche Präsentation von Speisen und Getränken gehört ebenso zur beruflichen Tätigkeit wie die vorherige Zubereitung warmer Mahlzeiten im Ofen. Wie viel zusätzliches Wissen dafür die Praxis erfordert, hängt von einigen Aspekten ab. Dazu gehören die generelle Serviceintensität der Fluggesellschaft, welche Möglichkeiten der Flugzeugtyp zulässt und ob es sich um einen Kurz- oder Langstreckenflug handelt. Zudem gibt es Airlines, die mehr anbieten als lediglich einen Sitzplatz, um von A nach B zu kommen.

Diese legen dementsprechend bei der Verpflegung das ein oder andere Extra obendrauf. Dabei gilt es, länderspezifische Besonderheiten wie beispielsweise den Ausschank von Alkohol oder die Berücksichtigung von Essensgewohnheiten zu beachten. Demgegenüber ist die Ausgabe von Snacks und kleineren Köstlichkeiten naturgemäß deutlich weniger aufwendig.

Höhere Aufmerksamkeit erfahren jene Fluggäste der Business- bzw. First-Class, da ihre Betreuung um einiges umfangreicher ist. Sie erhalten ein Begrüßungsgetränk in einem schönen Glas serviert, wählen ihre Mahlzeiten aus der Karte und bekommen das Essen auf Porzellangeschirr angerichtet. Es gibt deutlich mehr Annehmlichkeiten, für die die Kundschaft bereit ist, ein Vielfaches des Ticketpreises der Economy-Class zu bezahlen.

Ein kleines Detail am Rande: Eine inkludierte Crewverpflegung zählt zu den absoluten Ausnahmen. Wenn überhaupt, darf das Kabinenpersonal vom abgezählten Essen nur mitessen, sofern etwas übrigbleibt und keiner der Gäste nachbestellt. Bei Langstreckenflügen bieten manche Fluggesellschaften an, sich auf eigene Kosten eine preisreduzierte Mahlzeit beim Cateringunternehmen zu bestellen oder den Ofen der Flugzeugküche für selbst mitgebrachte Speisen zu benutzen.

Manchmal gibt es Ärger an Bord

So einzigartig und individuell jeder Mensch ist, die Zusammensetzung der Passagiere folgt einem gewissen Muster, das nahezu alle Persönlichkeitstypen abdeckt. Unter den Fluggästen befinden sich sowohl Erst- und Gelegenheitsfliegende als auch berufliche oder private Vielflieger. Doch unabhängig davon, warum Menschen fliegen und welche positiven oder negativen Flug- beziehungsweise Reiseerlebnisse sie als Erfahrung mit an Bord bringen, haben doch alle eine persönliche Erwartungshaltung an den Flugablauf.

Hat jemand Ängste oder Sorgen, kann sich das auf das Verhalten an Bord auswirken. Passiert etwas Unerfreuliches auf dem Weg zum Flughafen oder am Airport selbst, kann das die Stimmung beeinträchtigen. Nicht jede Passagierin betritt das Flugzeug in einem gelösten oder glücklichen Zustand. Oftmals reichen Kleinigkeiten aus, wie etwa ein unangenehmer Sitznachbar, um das Nervenkostüm weiter anzuspannen.

Unter den verschiedenen Persönlichkeitstypen finden sich beispielsweise die Charmanten, die Herablassenden, die Höflichen gleichermaßen wie die Unhöflichen, die Flugbegeisterten, die Ängstlichen, die Interessierten, die Besserwisser, die Gestressten, die Genießerinnen, die Dominanten, die Lieblichen und die Streitbaren. Diese Liste ließe sich beliebig fortsetzen. Sie zeigt jedoch die Emotionsvielfalt, der du dich als Flugbegleiterin jeden Tag aufs Neue stellst.

Im Laufe deiner Karriere lernst du eine Vielzahl an Persönlichkeitstypen und Verhaltensweisen deiner Fluggäste kennen. Dies verlangt dir ein hohes Maß an sozialer Kompetenz und Einfühlungsvermögen ab. Nicht immer ist es einfach, mit all den persönlichen Eigenheiten umzugehen. Dennoch ist das Ziel stets dasselbe: jede Passagierin zur Stammkundin zu machen. Bereits morgen könnte diese erneut vor der Wahl stehen, sich bei deinem Unternehmen ein Flugticket zu kaufen oder zur Konkurrenz zu wechseln.

Nicht selten ist es ein Spagat zwischen kundenorientiertem Handeln und einem selbstbewussten Auftreten, das insbesondere in einer Konfliktsituation deine Durchsetzungsfähigkeit unterstützt. Letztere ist zwingend notwendig, da jeder und jede Reisende dich und deine Kollegen als Entscheidungsträger akzeptieren und respektieren muss. Mit Freundlichkeit und Charme lassen sich Fluggäste in ihren Handlungen meistens auf eine angenehme Art und Weise lenken und beeinflussen. In der Grundausbildung trainierst du diese Techniken mithilfe von Rollenspielen, damit du deine eigenen Emotionen außen vorlassen und die jeweilige Situation unter Kontrolle bringen kannst.

Während des Fluges muss zu jeder Zeit eine dem Beruf angemessene Haltung gewahrt bleiben. Sowohl eine positive Körpersprache als auch ein vorbildhaftes Verhalten sollen selbst jenen mit Flugangst helfen, sich an Bord wohlzufühlen und sich umsorgt zu wissen. Insbesondere bei Turbulenzen bedeutet dies, selbst Ruhe zu bewahren und entspannt zu wirken. Bei schlechtem Flugwetter werden die Anschnallzeichen aus dem Cockpit aktiviert. In solchen Momenten suchen Passagiere vermehrt den Sicht- und Augenkontakt zur Crew. Daher ist es unabdingbar, auch in unsicheren oder ungewissen Situationen Ruhe auszustrahlen.

Emotionsarbeit und Problemlösung

Was ist zu tun, wenn etwas nicht nach Plan verläuft, wenn es zu Problemen kommt, Situationen aus dem Ruder laufen und Passagiere verärgert sind? In erster Linie ist es bedeutsam, der betroffenen Person zuzuhören, sie aussprechen zu lassen und nachzufragen, sollte etwas für dich unklar sein. Eine Unfreundlichkeit sollte keinesfalls erwidert werden. Das ist schon deshalb wichtig, um einen respektvollen Umgang zu wahren. Verschließt sich dein Gegenüber, könnte die Situation eskalieren und genau das muss in der Luft unbedingt vermieden werden.

Deine Ausbildung beinhaltet Strategien und Lösungsvorschläge, die zur Schlichtung eines Streites beitragen. Dahingehend wird darüber gesprochen, wie sich Flugbegleiter wehren können, an welcher Stelle Grenzen zu setzen sind und welche Konsequenzen sich daraus ergeben. Eine Person, die sich nicht regelkonform verhält (engl. *unruly passenger*), könnte die Flugsicherheit gefährden, indem sie etwa die Stimmung durch verbale Attacken aufheizt und so andere Passagiere aufwühlt und zur Unruhe anstiftet.

Übermäßige Stresssituationen, Alkohol- oder Drogenkonsum können zu aggressivem Verhalten, Belästigungen, exzessiven Streitereien, bösartigen Drohungen und Handgreiflichkeiten führen. Ein derartiges Fehlverhalten wird keine Fluggesellschaft dulden. Kommt es zum Äußersten, müssen die Pilotinnen eine Zwischenlandung durchführen, um die Unruhestifterin den lokalen Behörden zu übergeben. Ein lebenslanges Flugverbot mit dieser Airline wäre die Folge. Damit es gar nicht erst so weit kommt, wird die Crew alles in ihrer Macht Stehende tun, um die Lage zu entspannen, indem deeskalierende Schritte umgesetzt werden.

Umgekehrt gehört es zu einer guten Problemlösung, sich für entstandene Fehler in aller Aufrichtigkeit zu entschuldigen. Läuft etwas schief, kann eine ehrlich gemeinte Bitte um Verzeihung zur wesentlichen Entspannung beitragen, unabhängig davon, wer die Schuld trägt – die Fluglinie oder die Besatzung. Auf Standardfloskeln, faule Ausreden oder Beschwichtigungen sollte hier verzichtet werden, da dies den Frust und den Ärger lediglich verstärken wird. Hat der Reisegast das Gefühl, nicht für voll genommen zu werden, sind weitere Konflikte vorprogrammiert.

Fragen wir Nadia, 24 Jahre,
Flugbegleiterin aus Kanada

»Nimm es nicht persönlich«

»Dieser Beruf zwingt dich zur Auseinandersetzung mit komplizierten menschlichen Verhaltensmustern. Objektiv lässt sich schwer beurteilen, wann jemand als »schwierig« gilt. Doch gibt es Momente, die du dir nicht aussuchen würdest, hättest du die Wahl. Im Laufe der Zeit kann es dir passieren, dass du verbal angegriffen wirst und die Launen deines Gegenübers abbekommst. Passagiere üben häufig entweder unbewusste oder bewusste Handlungen aus, die dich herausfordern und zugleich deine Geduld auf die Probe stellen. Spätestens dann weißt du um die Notwendigkeit einer geeigneten Strategie, um damit klarzukommen.

Ein Besserwisser wird dir seine Meinung in belehrender und aufdringlicher Art und Weise aufzwingen. Diese Passagiere halten sich für Experten und stellen ihre Kenntnisse über deine. Häufiger Grund für dieses Verhalten ist der übersteigerte Wunsch nach Bewunderung und öffentlicher Anerkennung. Die Verlockung ist groß, mit dem eigenen Wissen dagegenzuhalten. Doch das führt beim Passagier maximal zu Ärgernissen und dir bringt es letztlich nichts. Da normalerweise die Sicherheit an Bord davon unberührt bleibt, solltest du diesem Verhalten nur wenig Aufmerksamkeit schenken. Hierbei hilft das Prinzip: So wenig wie möglich, so viel wie nötig antworten.

Viel häufiger hast du es mit egoistischen Menschen zu tun. Sie tragen zu einer unfairen Behandlung anderer bei und lösen mit ihrem Verhalten Konflikte aus. Das kann harmlos beginnen, indem sie sich in der Sitzreihe ausbreiten und dem Sitznachbarn keinen Platz lassen oder die Armlehne zwischen den Stühlen für sich beanspruchen und die Sonnenblende in Besitz nehmen. Handlungen wie diese führen zu Zwist, erbitterten Streitereien und endlosen Diskussionen. Sturheit macht deine Bemühungen, zwischen den Passagieren zu vermitteln und deren Wohlbefinden wiederherzustellen, nicht leichter.

Als Flugbegleiterin erfährst du, was es heißt, behutsam Lösungen anzubieten. Es kommt auf deine eigene Reaktion an, denn Möglichkeiten, die Stimmung zu beeinflussen, lassen sich finden. Es erfordert nur manchmal ein Umdenken und die Fähigkeit, auf Passagiere zuzugehen und tief in die Trickkiste zu greifen, um so zu einem konfliktfreien und verständnisvolleren Miteinander beizutragen. Wenn du deine Passagiere in einer schwierigen Situation ansprichst, erfährst du mehr über ihre Erwartungshaltungen und Wünsche. Nimm es nicht persönlich, wenn du diese nicht erfüllen kannst.«

Prepare for landing: Alle auf Position!

Im Zuge der Landevorbereitung muss die Speisen- und Getränkeausgabe beendet sein sowie schmutziges Geschirr samt dazugehöriger Abfallreste eingesammelt werden. Sobald die Kabine gesichert ist, erfolgt eine Klarmeldung (engl. *cabin ready message*) an die Piloten. Ähnlich zum Startvorgang wissen die Kollegen aus dem Cockpit dann, dass für die Landung alle sicherheitsrelevanten Vorkehrungen im Passagierbereich getroffen wurden.

Die verbleibenden Minuten bis zum Aufsetzen lassen sich gut nutzen, um Evakuierungskommandos und den Gebrauch der Notausrüstung gedanklich durchzugehen. Nach einem langen Dienst beziehungsweise nach unzähligen Flugstunden pro Jahr ist das mitunter kein leichtes Unterfangen, immerhin ist Fliegen irgendwann zur Routine geworden. Sind die Gedanken schon beim nächsten Flug oder bei den Freizeitaktivitäten nach Dienstschluss, braucht es eigenverantwortliche Disziplin, um sich regelmäßig zum Wiederholen der Handlungsabläufe zu zwingen. Sollte eines Tages etwas Unerwartetes passieren, darf keine Zeit zum Nachdenken über die zugewiesenen Aufgaben verschwendet werden. Dann heißt es, die jeweilige Situation rasch zu erfassen, die Gefahren einzuschätzen und das Erlernte anzuwenden.

Sorgloser verhalten sich hingegen manche Passagiere nach der Landung. Immer wieder wird die Aufforderung ignoriert, noch so lange angeschnallt sitzen zu bleiben, bis die endgültige Parkposition erreicht ist. Während des Rollens stehen sie bereits im Gang, kramen in den Ablagefächern nach Jacken und Taschen oder versuchen gar, in Richtung Ausgang zu eilen. Wer dies macht, dem fehlt es nicht nur an Vernunft, sondern am Bewusstsein, wie gefährlich das Lösen des Sitzgurtes zu diesem Zeitpunkt sein kann. Am Boden sind Rollgeschwindigkeiten um die 55 Kilometer pro Stunde (35 Meilen pro Stunde) üblich. Zwar mag einem das nicht so schnell vorkommen, doch verglichen mit einem Auto im Straßenverkehr lässt sich rasch die Verletzungsgefahr bei einem Sturz erkennen.

Für die Kabinenbesatzung ist die Durchsetzung der Schutzmaßnahmen jeden Tag aufs Neue eine Herausforderung. Da braucht es Fingerspitzengefühl und das Talent, immer wieder in unterschiedliche Rollen zu schlüpfen. Neben der freundlichen Gastgeberrolle benötigt es ein bestimmtes Auftreten, um die Passagiere auf freundliche Art und Weise vor einer möglichen Gefährdung zu bewahren, denn materielle Güter sind ersetzbar, der Mensch ist es nicht.

Die ersten Flüge in Begleitung

Am Ende des Unterrichtes erhältst du als frischgebackener Flugbegleiter ein Zertifikat über den erfolgreichen Abschluss deiner Ausbildung. Regional unterschiedlich wird dir entweder eine Flugbegleiterbescheinigung ausgehändigt oder lediglich eine Meldung bei der zuständigen Luftfahrtbehörde gemacht. Zu guter Letzt erhältst du die international vorgeschriebene Crew-ID-Karte, die während des Dienstes zwingend getragen werden muss. Mit dem Befähigungsnachweis und deiner Identifikationskarte hast du es geschafft und dein erster Flug kann starten.

Während der ersten Flüge wirst du keinesfalls alleingelassen. Um das erlernte Wissen in der Praxis anzuwenden, erfolgen zunächst Einweisungsflüge im regulären Linienbetrieb (engl. *supervision* bzw. *training on the line*). Zu diesem Zeitpunkt sitzen die Handgriffe freilich nicht, deswegen stehen qualifizierte Kolleginnen unterstützend zur Seite. Deine Trainer werden zugleich flugrelevantes Wissen abfragen, falls nötig einzelne Themen nochmals erklären oder korrigierend eingreifen. Vorwiegend helfen sie den Neulingen dabei, ihre Nervosität zu überwinden und den Berufseinstieg so angenehm wie möglich zu gestalten.

Innere Anspannung und Aufregung ist zu Beginn völlig normal, diese wird schon bald verfliegen. Hast du erst einmal auf einem »Jumpseat« Platz genommen, so heißt der Sitzplatz der Flugbegleiter in der Fachsprache, wird der Traum vom Fliegen nach wochenlanger Anstrengung endlich wahr. Jumpseats sind an unterschiedlichen Positionen im Passagierjet verteilt. Sie können weder reserviert noch gebucht werden und sind ausschließlich für die Kabinenbesatzung vorgesehen.

Am ersten Einsatztag ermöglichen die Piloten manchmal Einblicke in ihre Arbeit, heißen neues Flugpersonal vor versammelter Besatzung willkommen oder gewähren gar den Mitflug bei Start und Landung im Cockpit. Auch kann es sein, dass sich die anderen Flugbegleiter eine Kleinigkeit als Überraschung überlegt haben, um alle neuen Kolleginnen in der Kabine herzlichst in Empfang zu nehmen.

Nach deinem Flugtag gibt es eine Nachbesprechung (engl. *de-briefing*) am Boden, in der du eine ausführliche Beurteilung deiner Leistung bekommst. Hierbei werden all jene Arbeitsschritte besprochen, die noch nicht exakt nach Vorgabe ausgeführt wurden. Trotz Kritik und Ratschlägen werden aber auch all jene Bereiche hervorgehoben, bei denen dir der Transfer von theoretischem Wissen in die Praxis gelungen ist. Mit diesem Feedback hast du die Chance, die Erwartungshaltung bei zukünftigen Flügen zu erfüllen sowie gute Leistungen beizubehalten und zu wiederholen.

Nach einer gewissen Anzahl an Flügen, spätestens jedoch, sobald du die Standardaufgaben fachgerecht und alleinverantwortlich umsetzen kannst, erfolgt die Freigabe für Flüge ohne die Anwesenheit eines Trainers. Mit diesem Schritt ist es so weit: Deine Ausbildung ist vollständig abgeschlossen!

Beruf

Ein geschichtlicher Rückblick

Kaum zu glauben, dass dieser Beruf in seinen Anfängen eine rein männliche Domäne war, schließlich ist die Mehrheit der Kabinenbesatzung heutzutage weiblich. Im Jahre 1912 startete ein Deutscher namens Heinrich Kubis seinen Dienst als erster Flugbegleiter weltweit. Erst 1930, und damit achtzehn Jahre später, konnte sich die US-Amerikanerin Ellen Church als erste Frau in die Geschichtsbücher der Luftfahrt einschreiben. Mit dem unbändigen Wunsch zu fliegen gelang es der damals 25-jährigen Krankenschwester, eine Anstellung zu bekommen. Ihre Aufgabe war es, ängstlichen Passagieren während des Fluges zur Seite zu stehen. Bereits kurze Zeit später wurden überall auf der Welt Flugbegleiterinnen zur Betreuung der Gäste an Bord eingesetzt.

Das Rollenbild dieses Berufes hat sich im Laufe der Geschichte mehrfach verändert. **In den 1930er-Jahren** war es üblich, dass die Kabinenbesatzung neben dem eigentlichen Flugdienst beim Verkauf der Tickets und den administrativen Tätigkeiten mithalf. Ebenso säuberten sie das Flugzeuginnere und tätigten Essenseinkäufe für die Bordverpflegung. Stand der Abflug unmittelbar bevor, waren sie den Kollegen des Bodendienstes beim Verstauen der Reisekoffer behilflich. Damals war es notwendig, überall dort anzupacken, wo Arbeit anfiel. Heutzutage gibt es für jede dieser Tätigkeiten eigenverantwortliche Mitarbeitende oder externe Subunternehmen.

Es war eine Zeit, in der Flugzeuge weit entfernt davon waren, Massentransportmittel zu sein. Nur wer gut situiert war, konnte sich eines der kostspieligen Flugtickets leisten. Dementsprechend hoch waren die Ansprüche der Reisenden. Es war gang und gäbe, besonders zahlungskräftigen Fluggästen beim Ausziehen ihrer Schuhe behilflich zu sein, diese während des Fluges zu reinigen oder zu verwahren und stattdessen Slippers für einen angenehmen Tragekomfort anzubieten. Die damals noch als Stewardessen bezeichneten Flugbegleiterinnen hatten die Aufgabe, die Passagiere anzuhalten, ihre brennenden Zigaretten- und Zigarrenstummel nicht aus dem Flugzeugfenster zu werfen. Aufgrund der niedrigeren Flughöhen war das damals technisch ohne Weiteres möglich. Die Warnung galt immer dann, wenn über bebautes Gebiet, landwirtschaftliche Anbauflächen oder Wälder geflogen wurde. Zudem musste darauf geachtet werden, dass niemand die Toilettentüre mit dem Ausgang verwechselte, denn auch dieser konnte während des Fluges entriegelt werden.

Da die Luftfahrt in den 1930er-Jahren alles andere als einfach und technisch ausgereift war, galt das Kabinenpersonal als wagemutig und tapfer. Dennoch waren Flugbegleiterinnen im öffentlichen Meinungsbild mehr aus Imagegründen an Bord und weniger aus Gründen der Sicherheit. Der Umgang mit den Arbeitskollegen aus dem Cockpit war mühevoll und schwierig, Piloten in Uniform durften nur förmlich angesprochen werden, keinesfalls freundschaftlich oder mit ungebührlichem Tonfall. Es war nicht ungewöhnlich, Kapitäne beim Ein- und Aussteigen mit einem militärischen Salut, also mit der Handbewegung zum Kopf hin, zu empfangen und ebenso wieder zu verabschieden.

Im darauffolgenden **Jahrzehnt der 1940er-Jahre** etablierten sich zusehends schicke Uniformen. Mit ihnen wurden die Damen zum Blickfang aller Passagiere. Dementsprechend galten strenge Regeln für jene, die in den Flugdienst eintreten wollten. Flugbegleiterinnen war es nicht gestattet, eine Brille zu tragen oder eine gewisse Körpergröße zu überschreiten. Auch durften sie weder verheiratet sein noch Kinder haben. Das maximale Dienstalter war bereits mit fünfunddreißig Jahren erreicht, manchmal sogar früher. Auf das Körpergewicht junger Damen wurde streng geachtet. Wer an Gewicht zulegte, wurde kurzerhand aus dem aktiven Dienst entlassen oder bekam die Möglichkeit, überschüssige Pfunde binnen eines vorgegebenen Zeitrahmens wieder loszuwerden. Sich regelmäßig vor den Augen seines Vorgesetzten wiegen zu lassen, war damals zwar nicht angenehm, aber dennoch nichts Ungewöhnliches.

In den 1950er-Jahren, als Flugtickets unverändert teuer waren, wuchs das gesellschaftliche Ansehen des Berufes merklich an. An Bord wurden die Gäste mit Champagner, Lachs und Kaviar sowie elitärem Service verwöhnt. Flugbegleiterinnen waren damals so etwas wie Popstars der Lüfte und zugleich Vorbilder für die nächste Generation. Kaum ein anderer Beruf, außer vielleicht jener des Schauspielers, konnte derart viel Glanz und Glamour versprühen. Auch der Nervenkitzel hatte daran seinen Anteil, denn gefahrloses Fliegen war noch nicht möglich, schließlich befanden sich gesicherte Standards in Technik und Ausbildung in den Kinderschuhen. Die Triebwerke arbeiteten längst nicht so zuverlässig wie heute und der Flugnavigation fehlte die nötige Präzision, speziell bei ungünstigen Wetterverhältnissen. Da Flugzeuge nicht in der Lage waren, über das Wettergeschehen hinwegzufliegen, blieb den Piloten oftmals keine andere Wahl, als ihre Maschine mitten durch die Schlechtwetterzonen hindurch zu navigieren. Wind, Turbulenzen, hohe Temperaturen und ein ohrenbetäubender Lärm im Inneren des Flugzeuges erschwerten die Arbeit des Kabinenpersonals.

Ab den 1960er-Jahren wurden die Auswahlprozesse für die Bewerberinnen härter, da immer mehr Anwärterinnen auf den Jobmarkt drängten. In ruhiger Gelassenheit mussten die jungen Frauen stundenlange Interviews, sportliche Eignungsüberprüfungen, Wissenstests und vereinzelt IQ-Tests über sich ergehen lassen. Die Airlines sahen einen Marktvorteil in der Anstellung von attraktiven und begehrenswerten jungen Damen. Wer an diese Vorstellung nicht herankam, hatte keine Chance auf einen Arbeitsvertrag.

Zur damaligen Zeit konnten es sich die Fluggesellschaften leisten, strenge Maßstäbe bei ihren Schönheitsidealen vorzugeben. Schon kleinere Makel im Gesamtbild reichten aus, um zu Beginn des Bewerbungsverfahrens aussortiert zu werden. Zu viel Make-up im Gesicht genügte, um abgewiesen zu werden. Selbst auffällige Muttermale oder ein unproportionales Gesicht waren Gründe für die Ablehnung. Hatte man die ersehnte Anstellung in der Tasche, ging es mit anderen Restriktionen weiter. So wurde etwa das Rauchen in der Öffentlichkeit während des Dienstes nicht geduldet. Eine Eheschließung oder eine Schwangerschaft bedeuteten gar das Ende des Vertragsverhältnisses.

Die Gastgeberrolle war unverändert stark ausgeprägt, der Fluggast sollte sich wie ein König umsorgt fühlen. Die Flugbegleiterinnen wurden darauf vorbereitet, flugängstlichen Passagieren zur Seite zu stehen, unterhaltsamen Smalltalk mit Geschäftsleuten zu führen, Tipps für den Aufenthalt in der Ferne zu geben und Kindern ihren Flug kurzweilig zu gestalten. Blieb neben dem Servieren von Speisen noch Zeit, wurde zusätzlich zu den erwähnten Aufgaben sogar das Geschirr gereinigt, vorausgesetzt im jeweiligen Flugzeug gab es die räumliche Möglichkeit dazu.

Sowohl in den 1960ern als auch im darauffolgenden **Jahrzehnt der 1970er-Jahre** wandelten sich die Uniformen mehrfach, da es zu einem veränderten Modebewusstsein im Alltag und im Beruf kam. Die Außenwirkung der Kabinenbesatzung konnte kaum unterschiedlicher sein, denn jede Luftfahrtgesellschaft entwickelte ihre eigene Mode. Dem bis dahin eher praktischen Outfit wich eine geschmackvolle Dienstbekleidung im klassischen Stil, gespickt mit landestypischen Elementen oder regionaler Tracht. Andere Luftfahrtgesellschaften setzten den Sexappeal ihrer jungen Damen bewusst ein, um Aufmerksamkeit zu generieren. Die Röcke wurden kürzer, die Absätze höher und der Mittelgang in der Kabine zunehmend zum Laufsteg. Aus den Damen, die Sekt, Brötchen und Kaffee servierten, dazu Tageszeitungen verteilten und Kabinenansagen durchführten, wurden personifizierte Werbeträgerinnen. Von heute auf morgen sollten sie nicht nur die wohlhabenden Leute zum Kauf eines weiteren Flugtickets anregen, sondern die gesamte ohnehin neugierige und aufgeschlossene Gesellschaft zum Fliegen bringen.

Im Sinne der Airlines änderte sich ab den 1970er-Jahren das Publikum der Flugreisenden. Allmählich konnten sich auch weniger vermögende Passagiere einen Urlaubsflug leisten. Zwar waren für sie größere Entbehrungen nötig, dennoch wurde der Traum, zumindest einmal im Leben geflogen zu sein, für deutlich mehr Menschen möglich.

Mit dem wirtschaftlichen Aufschwung stieg der Bedarf an Flugzeugen und damit auch die Notwendigkeit, neue Fluggesellschaften zu gründen. Zusätzliche Gebiete wurden erschlossen und in das bestehende Streckennetz aufgenommen. Neben den Geschäftsmodellen der Luftfahrtunternehmen haben auch die Rahmenbedingungen für die Mitarbeitenden einen Wandel erfahren. Nach der Landung gab es häufig einen längeren Aufenthalt vor Ort, manchmal sogar mehrere Tage in einem Urlaubsparadies. Ferne Ziele auf der Langstrecke verhießen pures Abenteuer. Die Zeit bis zum Rückflug reichte aus, um sich ausgiebig zu erholen, einzukaufen oder touristischen Aktivitäten nachzugehen. Mit kaum einem anderen Beruf ergab sich die Chance, derart kostengünstig beispielsweise eine Safari in Afrika mitzumachen, sich an einem der herrlichen Strände der Karibik auszuruhen, das bunte Treiben auf dem Times Square in New York zu genießen, eine Rundfahrt durch London zu erleben oder eine der vielen Tempelanlagen Asiens zu besichtigen. Sobald das Flugzeug im Zielgebiet landete, konnten die Flugbegleiterinnen ihre privaten Pläne verwirklichen und sich auf Entdeckungstour begeben.

Mit dem Beginn des Massenverkehrs und den technisch weit ausgereifteren Maschinentypen veränderte sich der Beruf abermals. **In den 1980er-Jahren** war man bemüht, die Jobbezeichnungen »Steward« und »Stewardess« in »Flugbegleiter« und »Flugbegleiterin« zu ändern. Es war ein sichtbares Zeichen, um den Passagieren zu verdeutlichen, dass das Personal in erster Linie für die Sicherheit an Bord verantwortlich ist und nicht für das eigene Vergnügen. Das stereotype Bild der aufreizenden Person, die eigens für die Werbung der Fluggesellschaft inszeniert wird, sollte von dem wichtigen

Beruf entkoppelt und diesem somit mehr Seriosität verliehen werden. Die einstige Exklusivität ging ein Stück weit verloren, die Auslandsaufenthalte wurden kürzer und die Zeit zwischen den einzelnen Einsatztagen weniger.

Ab den 1990er-Jahren drängten erste Airlines als sogenannte Billigfluggesellschaften auf den Markt und trugen ihrerseits zum Branchenwachstum bei. Um rentabler wirtschaften zu können, verkürzten die Airlines ihre Stehzeiten am Boden. So konnten sie über den Tag verteilt mehr Flüge anbieten und mehr Einnahmen erzielen. Im langjährigen Bemühen um geregelte Dienst- und Ruhezeiten gab es spürbare Fortschritte und erfreuliche Ergebnisse zum Schutz der Mitarbeitenden im Flugdienst.

Ab den 2000er-Jahren verstärkte sich das gesellschaftliche, wirtschaftliche und politische Interesse an der Luftfahrt. Sie ist zum Sinnbild für grenzloses Reisen und die globale Vernetzung der Wirtschaft geworden. Im Jahr 2005 wurden erstmals mehr als zwei Milliarden Passagiere transportiert, zwölf Jahre später schon doppelt so viele. Die mehr als vier Milliarden Fluggäste verteilten sich auf knapp 42 Millionen kommerzielle Flüge innerhalb eines Jahres. Auf dem gesamten Globus stiegen 2017 statistisch betrachtet mehr als 7.500 Menschen pro Minute in ein Flugzeug. Daraus ergeben sich knapp 500.000 Flugreisende, die gleichzeitig flogen, immer und überall. Vor allem am Arbeitsmarkt konnte diese rasante Veränderung positiv wahrgenommen werden. Nie zuvor wurden so viele Flugbegleiterinnen und Flugbegleiter benötigt und eingestellt.

Zur selben Zeit musste die Luftfahrt mit mehreren Krisen und Katastrophen umgehen lernen. Zwar wirken seit jeher politische Spannungen durch destabilisierende Sanktionen und wirtschaftliche Konflikte auf die Branche ein, doch hatten die Ereignisse rund um den 11. September 2001, die Finanz- und Wirtschaftskrise 2008 und der Ausbruch der Corona-Pandemie Ende 2019 große Auswirkungen auf die Fluglinien und den Flugverkehr weltweit.

Trotz eines dynamischen Umfelds und sich ständig verändernder Rahmenbedingungen ist die Beliebtheit des Berufes, gemessen an der Anzahl von Bewerbungen, ungebrochen. Der Traum vom Fliegen ist so alt wie die Menschheit selbst und wird vor allem von Schulabsolventen immer wieder neu geträumt. Auch zukünftige Generationen werden den Herausforderungen gewachsen sein und Freude beim Fliegen haben.

(K)ein Tag wie jeder andere

Als Flugbegleiter trägst du durch dein Führungsverhalten eine besondere Verantwortung. Es wird von dir erwartet, mit gutem Beispiel voranzugehen. Das professionelle Auftreten gewährleistet die Sicherheit an Bord. In gefährlichen Situationen übernimmst du als Leitfigur das Kommando, um etwa Rettungsmaßnahmen einzuleiten. Du bist Gesetzeshüter, Schiedsrichterin, Seelentröster, Sanitäterin, Barkeeperin, Kinderanimateur, Verkaufsstrategin, Tourismusfachkraft, Freizeitplaner und manches Mal Handwerkerin in einer Person. Die Anforderungen wechseln in Sekundenschnelle und du schaffst es, trotzdem noch nach den Handbüchern zu arbeiten, die Richtlinien der Airline im Hinterkopf zu behalten und ein Lächeln auf den Lippen zu haben.

Doch wie sieht eigentlich der Alltag abseits dieser Rollenbeschreibung in deinem Leben als zukünftiger Flugbegleiter aus? Vor jedem Flugtag überprüfst du Verschiebungen im Dienstplan, indem du dich von zu Hause aus in das Firmennetzwerk einwählst. Berufliche E-Mails werden gecheckt, um kurzfristige Änderungen nicht zu verpassen. Gab es beispielsweise Anpassungen im Regelwerk oder Korrekturen im Flughandbuch während deiner freien Tage, musst du diese rasch zur Kenntnis nehmen, um die Neuerungen bereits beim nächsten Flug umsetzen zu können.

»Sobald es mit dem Briefing losgeht, steigt meine Vorfreude auf den bevorstehenden Flug. Mein Herzschlag beschleunigt sich und die Anspannung verfliegt.«
Fabienne, 21 Jahre, Neukaledonien

Der Start in den Arbeitstag beginnt mit einer Einsatzbesprechung (engl. *briefing*) in den Räumlichkeiten der Fluggesellschaft. Hier sind neben dir und den anderen Flugbegleitern auch die Pilotinnen anwesend. Besprochen werden Besonderheiten und flugrelevante Daten wie Flughöhe, Flugstrecke, Flugdauer und Flugwetter. Außerdem verteilt die Chefflugbegleiterin oder der Chefflugbegleiter die genauen Aufgabenbereiche, sodass eine optimale Versorgung der Passagiere an Bord sichergestellt ist. Welches Crewmitglied für welche Sitzreihen, Notausgänge, Toiletten und Sicherheitsüberprüfungen im Detail verantwortlich ist, hängt davon ab, wo ihm ein Sitzplatz zugeteilt wird. Diese Aufteilung ist ein wesentlicher Bestandteil dieses Briefings, da die Positionen bei jedem Flug wechseln können. Im Anschluss macht ihr euch alle gemeinsam auf den Weg zur zugewiesenen Maschine.

Zuvor müssen du und deine Kolleginnen die Sicherheitskontrolle passieren, wofür es an manchen Flughäfen einen eigenen Eingang gibt. Je nach Abflug- und Zielland folgt eine kurze Passkontrolle, danach geht es zu Fuß oder mit dem »Crew-Shuttle« auf direktem Weg zum zugeteilten Flugzeug. Dort angekommen bleibt nur wenig Zeit für die Vorbereitungen, deswegen ist es wesentlich, dass alle ihre Arbeitsschritte genauestens kennen und durch einstudierte Handgriffe automatisiert ablaufen lassen.

Zuerst einmal beginnst du mit dem Verstauen deiner eigenen, persönlichen Utensilien wie deinem Handgepäck und deinem Reisekoffer. Danach folgen umfangreiche Sicherheitschecks am Flugzeug, wobei dein Einsatzgebiet der Innenraum der Kabine ist. Wie du es in deiner Ausbildung gelernt hast, wird zuerst die verpflichtende Mindestausstattung des Flugzeuges überprüft. Anhand von Checklisten werden unter anderem folgende Fragen abgearbeitet:

»Sind alle Sonnenblenden geöffnet?«
»Hat jeder Sitzplatz eine Schwimmweste?«
»Sind die Sitzgurte bereit für den Gebrauch?«
»Befinden sich die Sicherheitskarten in den Sitztaschen?«

Je nach Serviceangebot der Fluggesellschaft starten zeitgleich erste Vorbereitungsarbeiten in der Bordküche. Die Bordmenüs werden vom örtlichen Flughafencatering entgegengenommen, auf ihre Vollständigkeit hin überprüft und einsortiert. Die Lieferung der Getränkewagen erfolgt entweder mit komplettem Sortiment oder nur nach Bestellung, um Fehlendes aufzufüllen. Für die Business- und First-Class-Kundschaft werden Champagnerflaschen eingekühlt, Weine in Griffweite zurechtgelegt und Tageszeitungen sowie Magazine hergerichtet. Zu guter Letzt wird das Bordunterhaltungssystem in Betrieb genommen und für den Flug vorbereitet, ehe die Passagiere das nun abflugbereite Flugzeug betreten (engl. *boarden*) dürfen.

Um den Einstiegsprozess zu erleichtern, kommen zunächst Gäste mit eingeschränkter Mobilität an Bord, dazu zählen Menschen mit körperlichen Beeinträchtigungen, altersschwache Personen und Eltern mit Kleinkindern und Babys. Dieser zeitliche Vorsprung ermöglicht es dir und deinen Kolleginnen, auf die individuellen Bedürfnisse dieser Personengruppen einzugehen und zusätzliche Vorkehrungen für den Flug zu treffen. Beispielsweise benötigt jemand im Rollstuhl eine an ihn oder sie angepasste Sicherheitseinweisung. Und auch Familien mit Kindern bekommen eine spezielle Unterweisung.

Aktive Präsenz und die Sichtbarkeit der Kabinenbesatzung ist für die Passagiere beim Einsteigevorgang enorm wichtig, damit gleich zu Beginn mögliche Fragen beantwortet werden können. Außerdem erhalten die Fluggäste die Einweisung zu ihren Sitzplätzen und gegebenenfalls Unterstützung beim Verstauen des Handgepäcks.

Sobald alle Personen im Flugzeug Platz genommen haben, werden die Türen geschlossen und verriegelt. Nach der charmanten Begrüßung über den Lautsprecher (engl. *passenger address system*) folgt die verpflichtende Sicherheitsunterweisung der Fluggäste, die bei jedem Flug weltweit vorgeschrieben ist. Diese wird entweder durch die Kabinenbesatzung persönlich demonstriert oder über das Bordentertainmentsystem als Videoaufzeichnung abgespielt. Alle Passagiere, die sich in einer Notausstiegsreihe befinden, erhalten eine zusätzliche Einweisung. Oftmals genügt der Hinweis, wie der Notausstieg in einer Gefahrensituation korrekt zu öffnen ist.

Sobald sich das Flugzeug auf den Weg zur Startpiste (engl. *runway*) macht, werden letzte Vorkehrungen für den Abflug (engl. *take-off*) getroffen. Du überprüfst, ob wirklich alle Passagiere die Sicherheitsgurte angelegt, die kleinen Tische hochgeklappt und die Rückenlehnen senkrecht gestellt haben, und ob sämtliche persönlichen Gegenstände sicher verstaut sind. Rechtzeitig vor dem Startvorgang musst auch du dich auf deinem zugewiesenen Sitzplatz befinden und angeschnallt sein.

»Gerade auf kurzen Flugstrecken ist die Arbeit stressig, dafür genieße ich die längeren Flüge umso mehr.«
Anila, 24 Jahre, Indien

Im Reiseflug kümmerst du dich um den Komfort und Service der Passagiere. Speisen und Getränke werden zubereitet und serviert. Alleinreisende Kinder müssen im Blick behalten werden. Die jüngsten Gäste an Bord benötigen oftmals zusätzliche Aufmerksamkeit. In festgelegten Zeitabständen gehört es zu deinen Aufgaben, dich um die Sauberkeit und den störungsfreien Betrieb der Toilettenanlagen zu kümmern. Je nach Airline kann es außerdem Teil des Aufgabengebietes sein, Produkte des Bordshops zu verkaufen.

Die Vorbereitungen für die Landung gleichen im Wesentlichen jenen der Startphase. Spätestens wenn das Flugzeug in den Sinkflug übergegangen ist, sammelst du die Essenstabletts, die Trinkbecher und den entstandenen Abfall ein, sortierst und verstaust alles. Auch die Bordküche darf nicht vergessen werden, da dort alles am richtigen Platz untergebracht und gesichert sein muss. Ein letztes Mal überprüfst du, ob alle Passagiere auf ihren Sitzplätzen angeschnallt, die Tische hochgeklappt und die Rückenlehnen senkrecht gestellt sind, und ob das Handgepäck ordentlich verstaut wurde.

Sobald das Flugzeug seine endgültige Parkposition erreicht hat, werden die Notrutschen entsichert und die Ausgänge geöffnet. Jeder Flugbegleiter nimmt auch hierbei den ihm zugewiesenen Platz bei der Verabschiedung der Fluggäste ein. Um die Kabine auf vergessene beziehungsweise zurückgelassene Gegenstände zu untersuchen, kontrollierst du zum Schluss sowohl die Sitzplätze als auch die Gepäckfächer. Danach werden letzte Aufräumarbeiten erledigt, um die Kabine an die nachfolgende Crew zu übergeben.

Nach einer kurzen Abschlussbesprechung geht es in den Feierabend. Zuvor loggst du dich am Computer vom aktuellen Flugdienst aus und überprüfst bei dieser Gelegenheit den Dienstplan auf etwaige Änderungen.

Der Dienstplan und die Seniorität

In der öffentlichen Wahrnehmung verleitet der Beruf häufig zu der falschen Annahme, man sei in einer Art Dauerurlaub, stets auf dem Weg in die schönsten Regionen. Doch die Möglichkeiten, touristischen Aktivitäten in der Ferne nachzugehen, sind vergleichsweise gering. Dazu kommt, dass nicht jede Fluggesellschaft Auslandsübernachtungen und Tagesaufenthalte in fremden Städten ermöglicht. Dies hängt vom Streckennetz und dem Dienstplan ab. Selbst wenn im Ausland einmal Freizeit gegeben ist, so muss es sich dabei noch lange nicht um ein verlockendes Traumziel handeln. Immerhin werden auch Regionen angesteuert, die du dir für den eigenen Urlaub eher nicht ausgesucht hättest. Und falls doch, ist die zur Verfügung stehende Zeit vor Ort meist viel zu kurz.

In deinem monatlichen Dienstplan erfährst du deine genauen Arbeitstage, die jeweiligen Zielorte und die Flugzeugtypen, auf denen du eigeteilt bist. Auch die Namen der zugeteilten Kollegen und die gebuchten Unterkünfte sind manchmal dort verzeichnet. Abseits des aktiven Flugdienstes zählen Bereitschaftsdienste (engl. *standby days*) ebenfalls als Arbeitstage. Hierbei besteht die Verpflichtung, dich in deiner Freizeit rufbereit zu halten und innerhalb kürzester Zeit am Flughafen zu sein. Durch diese Flexibilität kann umgehend Ersatz gefunden werden, sollte jemand einen Flugdienst nicht antreten können.

Verantwortlich für die Einsatzpläne und die Einteilung der Sollstunden ist das Team der Crewplanung. Es steht vor der Aufgabe, die gesamte Flugzeugflotte rund um die Uhr mit einer ausreichenden Anzahl an Besatzungsmitgliedern zu planen sowie mögliche Engpässe zu vermeiden. Zunächst muss die Vereinbarkeit mit dem Flugzeugtyp gegeben sein. Nur wer eine entsprechende Qualifikation auf einer Maschine vorweisen kann, darf auf dieser eingesetzt werden. Die Zusammensetzung der Crew wird zusätzlich vom jeweiligen Dienstrang, der Funktion an Bord sowie der Verfügbarkeit der Mitarbeitenden in Folge von Freizeit- und Urlaubsansprüchen geregelt. Darüber hinaus achtet die Crewplanung auf wirtschaftliche Überlegungen der Fluggesellschaft, die Einhaltung der rechtlichen Rahmenbedingungen, wie etwa der Dienst- und Ruhezeiten, sowie flugbetriebliche Erfordernisse und die Einteilung des Personals zu regelmäßigen Schulungen. Anstelle des Flugdienstes werden manche Flugbegleiterinnen und Flugbegleiter auch für gelegentliche Bürodienste oder Marketingaktivitäten herangezogen.

Generell unterliegen Dienstpläne in der Luftfahrt häufigen Änderungen. Jederzeit könnte eine Kollegin erkranken, ein Flug durch ungünstige Wettererscheinungen oder technische Probleme gestrichen werden. Umgekehrt ist es auch möglich, dass ein Flug kurzfristig eingeschoben wird, sollte die Notwendigkeit dazu bestehen. Im Charterbereich gibt es meist eine noch größere Dynamik im Fluggeschehen, da hier anders als im Linienverkehr der Auftraggeber (zum Beispiel ein Reiseveranstalter) entscheidet, wann und wie geflogen wird. Zwar ist diese Flexibilität für die Luftfahrtunternehmen wirtschaftlich wichtig, andererseits leidet die Stabilität der Monatspläne und somit die Planbarkeit der Freizeit darunter.

Um trotz aller Anpassungsbereitschaft das fliegende Personal zu motivieren, ermöglichen Airlines eine geringe Einflussnahme vor Erstellung der Dienstpläne. Meist können individuelle Wünsche abgegeben werden. Ob diese tatsächlich berücksichtigt werden, entscheiden wiederum die Mitarbeiter der Crewplanung. Als Alternative zu diesen herkömmlichen Anfrageverfahren gibt es sogenannte Bietersysteme, bei denen einzelne Flugtage, Flugstrecken oder Urlaubstage angefragt werden können. Die Gebote werden nach einem internen Regelwerk gewährt oder abgelehnt, wobei die Seniorität einer Flugbegleiterin zumeist ausschlaggebend ist. Wer also die längste Unternehmenszugehörigkeit aufweist oder sich anderweitig Zusatzpunkte im Unternehmen verdienen konnte, hat die größte Chance, den eigenen Dienstplan aktiv mitzugestalten.

Unterwegs auf der Kurz- und Mittelstrecke

Flugstrecken lassen sich anhand unterschiedlicher Distanzen auseinanderhalten. Das entscheidende Kriterium ist dabei der zu überwindende Flugweg, also jener Abschnitt, der zwischen dem Start- und dem Zielflughafen liegt. Davon ausgehend werden die Flugzeuge in Kurz-, Mittel- und Langstreckenmaschinen eingeteilt. Allerdings gibt es keine international gültige Definition für die einzelnen Reichweiten, weswegen dies von Behörden, Airlines sowie Flugzeugherstellern stets etwas abweichend beurteilt und festgesetzt wird.

»Ich persönlich fliege die kurzen Strecken lieber, da muss sich mein Körper nicht an Zeitzonen gewöhnen. Am schönsten dabei ist es, die Abende zu Hause mit meiner Familie zu verbringen.«
Susanne, 50 Jahre, Österreich

Ein Arbeitstag auf der Kurz- und Mittelstrecke ist geprägt von häufigen Starts und Landungen. Dabei können mehrere Flugziele pro Tag angesteuert werden, wobei der letzte Flug nicht zwangsläufig am Heimatflughafen enden muss. Durch die zahlreichen An- und Abflüge erscheinen die einzelnen Flugsegmente kurzweiliger. Am Boden bleibt oftmals nicht viel Zeit, um die Maschine für den Weiterflug startklar zu machen. Im Vergleich zur Langstrecke wiederholen sich die Handgriffe am Tag mehrfach und das Serviceangebot für die Reisegäste ist meist weniger umfangreich. Dagegen ist der Körper durch den sich ständig ändernden Luftdruck spürbaren Belastungen ausgesetzt.

Sofern vorhanden, bieten die meisten Airlines ihren Flugbegleitern die Arbeit auf unterschiedlichen Flugzeugtypen an. Bei einem Flottenmix wird die Tätigkeit daher abwechselnd auf der Kurz-, Mittel- oder Langstrecke ausgeübt. In einigen Fällen unterliegt die Zuteilung der Flugstrecke einer Senioritätsliste. Hierbei ist dein persönlicher Rang in der Liste mit dem

Dienstalter verbunden. Wer also bereits lange für das Unternehmen arbeitet, ist dementsprechend weit vorne gereiht und kann sich die Flugstrecken aussuchen. Dieses Bonussystem wird nicht nur für die Verteilung der Flüge in attraktive Destinationen genutzt, oftmals sind Langstreckenziele beliebt, da die Arbeitsstunden rascher erfüllt werden.

Unterwegs auf der Langstrecke

Bei einem Langstreckenflug werden mehrere Zeitzonen durchquert – wenige Stunden später befindest du dich nicht nur in einem anderen Land, sondern auch in einem völlig neuen Tagesrhythmus. Die innere Uhr gerät durch das Verkürzen oder Verlängern des Tages aus dem Gleichgewicht und die Tages- und Nachtstunden passen nicht mehr so recht zum gewohnten Tagesablauf. Wer auf der Langstrecke Dienst verrichtet, hat nicht nur mit den Folgen des Jetlags zu kämpfen, sondern nimmt zugleich einen veränderten Lebensstil in Kauf.

Pro Flugtag gibt es zumeist nur einen Start und eine Landung. Aufgrund der langen Flugzeit wird der Bordservice in einem größeren Umfang angeboten, als dies auf der Kurz- und Mittelstrecke der Fall ist. Passagiere der Business- und First-Class erhalten eine besondere Betreuung mit exklusivem Wein- und Spirituosenservice und einer großzügigen Speisekarte. Doch auch die Fluggäste der Economy-Class werden liebevoll umsorgt. Insbesondere bei langen Flugzeiten gibt es neben den Hauptmahlzeiten diverse Snacks sowie eine große Auswahl an warmen und kalten Getränken.

»Auf Langstreckenflügen lernt man die Passagiere ein bisschen besser kennen. Man weiß, wer ängstlich oder wütend ist, wer zu viel oder zu wenig trinkt und wer selbst auf langen Reisen den Spaß nicht verliert.«
Saricsa, 32 Jahre, Honduras

Zwischen dem Bordservice können die Crewmitglieder eine Pause einlegen und für kurze Zeit rasten. Langstreckenflugzeuge bieten einen eigens dafür vorgesehenen Rückzugsort mit Liege- und Schlafmöglichkeiten an. So können sich Piloten und Flugbegleiterinnen gleichermaßen ein wenig ausruhen und ihre Pause mit einem kurzen Schläfchen verbinden.

Wie lange die Aufenthaltsdauer am Ankunftsort ist, richtet sich sowohl nach der Dauer des vorangegangenen Fluges als auch nach dem weiteren Flugplan. Je nachdem, wie häufig der Zielort von der Airline angeflogen wird, kann der Aufenthalt kurz sein oder mehrere Tage andauern. In der Zwischenzeit wartet das Flugzeug aber nicht am Boden. Sobald die Crew gelandet ist, übergibt diese die Maschine an die ausgeruhten Kollegen vor Ort, die unmittelbar danach den Rück- beziehungsweise Weiterflug antreten.

Die Anzahl an Flugbegleitern an Bord

Wie groß das Team in der Kabine ist, hängt von der Sitzplatzkapazität des Flugzeuges ab. Das Luftfahrtgesetz sieht für je fünfzig Sitze eine Flugbegleitung vor. In einem Mittelstreckenjet mit hundertachtzig Passagieren an Bord arbeiten demnach vier Besatzungsmitglieder in der Kabine. Einer Fluggesellschaft steht es natürlich frei, zusätzliche Personen, zum Beispiel zu Trainingszwecken, einzusetzen. Die Anzahl der Flugbegleiter ist nur nach unten begrenzt, nicht jedoch nach oben.

Je nach Größe des Luftfahrtunternehmens kommt es vor, dass du jede Schicht in einem anderen Team verbringst. Durch diesen regelmäßigen Austausch des Kollegiums bleibt kein Spielraum für individuelle Arbeitsweisen. Alle müssen sich aufeinander verlassen können. Die Handgriffe werden so trainiert, dass sie automatisiert ablaufen, unabhängig davon, ob du mit den Teammitgliedern schon gearbeitet hast oder nicht.

Kabine und Cockpit

Die Aufrechterhaltung der Sicherheit am Boden und in der Luft zählt zum ureigensten Interesse einer Fluggesellschaft. Flugbegleiter und Pilotinnen können dieses Ziel nur dann erreichen, wenn die Zusammenarbeit im Team einwandfrei funktioniert. Aus diesem Grund erlernen beide Berufsgruppen in regelmäßigen gemeinsamen Schulungen, wie sie Aufgaben zusammen bewältigen, wer für welche Handlungen zuständig ist und wie die einzuhaltenden Strukturen auszusehen haben. Dabei stehen der Teamgeist und die Förderung von Führungseigenschaften im Fokus.

Es mag überraschen, doch Flugbegleiter und Piloten arbeiten weit weniger zusammen, als man vermuten würde. Das Flugzeug ist zwar ein gemeinsamer Arbeitsplatz, allerdings existieren zwischen beiden Tätigkeiten rechtliche, arbeitsorganisatorische und hierarchische Unterschiede.

Während du als Flugbegleiter direkt mit den Passagieren arbeitest, haben die Pilotinnen kaum beziehungsweise gar keinen Kontakt zu ihnen. Die Arbeit mit dem Fluggast ist anspruchsvoll, gerade auch weil der starke Wettbewerb der Fluggesellschaften untereinander nicht vor den Passagiersitzreihen Halt macht. Flugbegleiter müssen versuchen, den Gästen trotz niedriger Ticketpreise den maximalen Reisekomfort zu ermöglichen und stehen somit oft zwischen den Ansprüchen der beiden Parteien. Unzureichende Mahlzeiten, fehlendes Bordentertainment oder geringe Sitzplatzabstände führen zu Unzufriedenheit und Ärger bei den Fluggästen, wohingegen die Airline versucht, durch gezielte Einsparungen die von Natur aus hohen Betriebskosten so niedrig wie möglich zu halten.

Im Cockpit bekommt man davon freilich wenig mit. Doch auch hier geht es längst nicht mehr nur um das Fliegen selbst. Abgesehen von der Verantwortung für Mensch und Maschine, werden Pilotinnen vermehrt betriebswirtschaftliche Aufgaben übertragen, die den Leistungsdruck zusätzlich erhöhen.

Doch bei allen Unterschieden zwischen Kabine und Cockpit, ohne Zusammenarbeit geht es im Flugzeug eben nicht. Flugbegleiter und Pilotinnen sind verstärkt aufeinander angewiesen, um etwa kurze »Turnaround«-Zeiten, das sind die Zeiten, in denen das Flugzeug auf den nächsten Einsatz vorbereitet wird, mit einer pünktlichen Abfertigung zu bewältigen. Die Schnittstellen beider Berufe sind von festen Strukturen und minutiösen Absprachen geprägt, um Rücksicht auf den jeweils anderen Verantwortungsbereich zu nehmen. Beispielsweise können die Pilotinnen erst dann mit dem Startvorgang beginnen, wenn sie das Freizeichen ihrer Kabinenbesatzung erhalten haben. Umgekehrt müssen die Flugbegleiter innerhalb der vorgegebenen Zeit mit dem Bordservice und dem finalen Sicherheitscheck fertig sein, damit die Kolleginnen im Cockpit keine Verzögerung beim Abflug oder der Landung verursachen.

Generell herrscht im Flugzeug ein freundliches und konfliktvermeidendes Arbeitsklima. Jede Fluggesellschaft achtet auf gegenseitige Wertschätzung, selbstlose Hilfsbereitschaft sowie eine gute interne Kommunikation. Dieses harmonische Miteinander wirkt sich positiv auf die Zufriedenheit in der Arbeit, die Teambildung sowie den Zusammenhalt aller Besatzungsmitglieder aus. Ebenso wirkt sich das Arbeitsklima – positiv wie negativ – auf die Fluggäste aus, sodass eine angenehme Atmosphäre immer notwendig ist, um eine herzliche Gastfreundschaft an Bord bieten zu können.

Fragen wir Emilia, 31 Jahre,
Flugbegleiterin und Pilotin in Ausbildung aus Italien

»Die Idee, Pilotin zu werden, kam mir auf dem Jumpseat«

»Als ich einmal den Fuß in der Tür hatte, war mir schnell klar: Ich will in der Luftfahrt bleiben. Doch mein Start verlief alles andere als nach Plan. Um meine Fähigkeiten in der englischen Sprache zu verbessern, zog ich nach Dublin. Entgegen meiner Annahme verstand ich zu Beginn die Menschen in Irland aufgrund ihres Dialektes nicht. Das war anfangs ein Kulturschock. Anstatt aber das Handtuch zu werfen, blieb ich hartnäckig bei der Sache. Dieses Durchhaltevermögen machte sich bezahlt, denn als Flugbegleiterin einer Billigfluggesellschaft machte ich bereits nach einem halben Jahr meinen ersten Karrieresprung.

Damit nicht genug. Ich beobachtete den wirtschaftlichen Boom in Doha und bewarb mich auf eine freie Stelle bei der staatlichen Fluggesellschaft aus Katar. Die Rahmenbedingungen waren erstklassig, persönlich ging es mir gut und ich hatte Erfolg. Zunächst wechselte ich an Bord aus der Economy-Class in die Business-Class, später sogar zu den Passagieren der First-Class. Ich sammelte Erfahrung auf unterschiedlichen Flugzeugtypen wie etwa der Boeing B737/B777 sowie dem Airbus A380, dem größten Passagierflugzeug der Welt. Zwar wollte ich mir im Leben immer Türen offenhalten, erahnen konnte ich dennoch nicht, in welche Richtung sich mein Karriereweg entwickeln würde.

Die Idee, Pilotin zu werden, also selbst eines Tages ein Flugzeug zu fliegen, bekam ich auf dem Jumpseat. Es war nichts Ungewöhnliches, den Piloten ab und zu über die Schultern zu sehen. Anfangs dachte ich noch, ein Flugzeug zu steuern sei langweilig, immerhin übernimmt den Großteil der Steuerung ohnehin der Autopilot. Doch der eine Flug änderte meine Meinung. Ich entschloss mich, zu einer Flugschule zu gehen und meine erste Flugstunde zu absolvieren. Was soll ich sagen: Ich mochte es!«

Pro: Was für den Beruf spricht

Wie jeder Beruf hat auch der des fliegenden Personals Vor- und Nachteile, die es sorgfältig gegeneinander abzuwägen gilt. Im Hinblick auf die Vereinbarkeit mit der Familie lohnt es sich, genau hinzusehen, immerhin bringt dieser außergewöhnliche Job teils bedeutsame Änderungen der Lebensumstände mit sich. Wenn du dir dessen nicht von Anfang an bewusst bist, könnten dich bereits nach kurzer Zeit anstatt der erhofften Traumkarriere Enttäuschung und Frustration erwarten. Doch nicht ohne Grund gibt es so viele Flugbegleiterinnen und Flugbegleiter, die auch nach vielen Jahre oder sogar Jahrzehnten in ihrem Job bleiben und nach wie vor Begeisterung für ihre Tätigkeit ausstrahlen.

Ganz oben auf der Liste der Vorteile steht das Reisen und damit der Reiz, verschiedene und teils verborgene Plätze in den unterschiedlichsten Ecken der Welt zu entdecken. Ein Flugzeug ist ein Ort der Begegnung und ein Ort der Geselligkeit. Eine Reise verbindet nicht nur, sie schafft Raum für ein Zugehörigkeitsgefühl an Bord und lässt Menschen verschiedener Herkünfte und Kulturen zusammenrücken. Deine Passagiere kommen von überall her, du erfährst von Orten, von denen du nie zuvor gehört hattest. Es besteht nicht nur die Möglichkeit, mit den Leuten in Kontakt zu treten, sondern auch, die Länder zu bereisen, aus denen sie kommen.

Beruflich zu fliegen ist eine ideale Gelegenheit, mit wenig Geld – in einigen Ausnahmefällen sogar völlig kostenlos – Städte und Regionen kennenzulernen. Teils großzügige Rabatte der eigenen Fluglinie sowie Kooperationen mit anderen Airlines und Hotelketten machen dies möglich. Als Flugbegleiterin profitierst du zusätzlich von Partnerprogrammen und von Verkaufsaktionen auf Flughäfen. Ein weiterer Anreiz kann sein, nicht immer am selben Ort oder gar zur selben Zeit arbeiten zu müssen. All die Sehnsüchte, die in der Ferne liegen oder damit verbunden werden, bringen viele erst überhaupt auf die Idee, sich mit diesem Job auseinanderzusetzen.

Doch geht es bei diesem Beruf um weit mehr, als nur in einer schicken Uniform um die Welt zu jetten. Auch wenn nicht alle Bedürfnisse der Fluggäste zur vollständigen Zufriedenheit erfüllt werden können, jede dankbare Geste der Passagiere ist eine Wertschätzung deiner Arbeit und deiner Gastfreundschaft. Wer Freude am täglichen Kontakt mit Menschen hat, wird sich in dieser Dienstleistungsbranche wohlfühlen.

»Um die Welt zu reisen, die grenzenlose Freiheit zu spüren und damit auch noch Geld zu verdienen ist ein einzigartiges Gefühl. Doch das ist nicht alles. Ich lerne jeden Tag dazu und muss mich ständig anpassen. Das macht meinen Arbeitstag aus.«
Malena, 25, Argentinien

Innerhalb der Luftfahrt ist es leicht, Freundschaften und Bekanntschaften zu knüpfen. Ähnliche Ausbildungswege und gemeinsame Interessen mit den Kolleginnen verbinden. Die Affinität zum Fliegen, das familiäre und freundliche Arbeitsklima an Bord sowie sämtliche Reiseerlebnisse schweißen eine Crew zusammen.

Immer wieder ergeben sich Unternehmungen mit den Arbeitskollegen außerhalb der Dienstzeit. Selbst wenn erfahrene Teammitglieder mehrfach eine touristische Attraktion gesehen haben, begleiten sie immer wieder gerne jene, die eine Sehenswürdigkeit noch nicht kennen. Auch passiert es, dass jemand aus der Gruppe die anderen mit einer spannenden Idee begeistert und spontane Ausflüge unternommen werden oder ungeplante Abenteuer entstehen. Eine Fahrt mit dem Mountainbike in den Anden, eine Bootstour vor der Küste Vietnams, eine Wildwassersafari in den französischen Alpen oder auch ein Besuch in einem Nationalpark in Südafrika können zu deinen schönsten Erinnerungen werden.

Immer dann, wenn etwas neu oder unbekannt ist, lassen sich Ausflüge in Begleitung leichter und vor allem unbekümmerter erleben. Speziell in der Ferne ist es angenehm, jemanden an der Seite zu haben. Die Eindrücke einer Stadt lassen sich so unbeschwert aufnehmen. Die Planung wird meist untereinander aufgeteilt, sodass alle die Möglichkeit haben, das Flair zu genießen und den Ausflug zu einem unvergesslichen Erlebnis zu machen.

Gefühle der Langeweile kommen in diesem Beruf nur schwer auf. Auch der Gesprächsstoff geht dir nie aus. Egal für welche Fluggesellschaft du eines

Tages arbeitest, der Umgang innerhalb der Crew ist stets kollegial und meist von Respekt und Höflichkeit geprägt. Auf diese Art und Weise lassen sich die unzähligen Stunden an Bord leicht verbringen. Und wo sonst kannst du schon um drei Uhr morgens anregende und spannende Gespräche mit deinen Arbeitskolleginnen führen?

Anders als in wirtschaftlichen oder kaufmännischen Berufen gibt es als Flugbegleiterin keine Kundenverträge, die es abzuschließen gilt, es müssen keine Fristen eingehalten, noch Zahlen geliefert werden. Es gibt keine Termine, an die unternehmerische Leistungserfolge geknüpft sind. Ein weiterer bedeutender Vorteil ist, dass die Arbeit nicht mit nach Hause genommen werden kann. Am Ende eines Flugtages ist der Job erledigt und abgeschlossen. Dazu kommt, dass es keinen Karrieredruck gibt, wohl aber eine Möglichkeit, die Karriereleiter emporzusteigen.

Ein weiterer Anreiz sind die streng geregelten Dienst- und Ruhezeiten, deren Einhaltung die jeweiligen Behörden regelmäßig überwachen. Zwar kann eine dienstfreie Zeit nicht nur zu Hause an der »Homebase«, sondern auch im Ausland stattfinden, doch ergibt sich häufig ein Plus im Verhältnis zwischen der eigentlichen Arbeitszeit und der freien Zeit außerhalb des Dienstes. Einkäufe und Besorgungen beispielsweise sind an jedem x-beliebigen Werktag möglich. Das bringt wiederum eine Flexibilität mit sich, die es in anderen Berufen nicht gibt.

Flugbegleiterinnen haben häufig eine Affinität zur Luftfahrt und können sich in ihrem Job an zahlreichen Kleinigkeiten erfreuen. Ein startendes oder landendes Flugzeug zu beobachten, lässt da schon mal das Herz höherschlagen. Das Aufheulen der Triebwerke, die Kräfte der Beschleunigung, das Rumpeln des einfahrenden Fahrwerkes sowie das Abbremsen nach erfolgter Landung verursachen ein kribbelndes Bauchgefühl.

Der Großteil der Kabinenbesatzung ist von der Berufswahl überzeugt und berichtet voller Stolz über die wertvollen gesammelten Erfahrungen. Selbst nach langjähriger Tätigkeit können sich viele vorstellen, noch einmal diesen Karriereweg einzuschlagen, würden sie erneut vor der Wahl stehen.

Fragen wir Richard, 32 Jahre,
Flugbegleiter aus Malta

»Ich war jung und hatte Partys im Kopf«

»Bei mir schmunzeln die Leute meist, wenn ich meine Geschichte erzähle. Angefangen hat es damit, dass ich als Lehrer in der Schule gearbeitet habe. Bereits in jungen Jahren bekam ich eine Anstellung und unterrichtete Kinder in Mathematik. Die Arbeit machte mir Spaß, allerdings war ich mit Abstand der Jüngste im Kollegium. Die privaten Gespräche in den Pausen drehten sich meist um das familiäre Leben der Kollegen, also entweder um ihre eigenen Kinder oder Ehepartner. Mit jedem weiteren Gespräch fühlte ich mich weniger und weniger bereit für dieses vorbestimmte Leben. Ich war jung und hatte ausgedehnte Partys und nächtelanges Feiern mit lautstarker Musik im Kopf. Ich wollte unter die Leute gehen und etwas erleben.

Zu Hause hörte ich aufmerksam den Erzählungen meines Bruders zu. Er war Flugbegleiter und siedelte für seinen Arbeitgeber extra in die Vereinigten Arabischen Emirate über. Sein Leben war wie ein buntes Reisetagebuch, er hatte aufregende Erlebnisse und war weit entfernt davon, ein vorgegebenes Leben zu führen. Genau das wollte ich auch!

Wie es der Zufall wollte, betreute mein Bruder einen Flug in unsere Heimat Valletta, die Hauptstadt Maltas. Durch ihn erhielt ich die Möglichkeit, die gesamte Kabinencrew kennenzulernen. Sie waren in einem naheliegenden Hotel untergebracht, da wollte ich meine Chance nutzen, mehr über die spannende Tätigkeit aus den Mündern Fremder zu erfahren. Bestimmt hatte ich eine andere Vorstellung von dem, was mich erwarten würde.

Mein Bruder und seine Arbeitskollegen machten es sich auf der Poolterrasse des Hotels gemütlich. Während die einen die kühle Erfrischung im Wasser suchten, entspannten sich andere auf der Sonnenliege, um entweder mit den Kopfhörern im Ohr ein Nickerchen zu machen oder ein Buch zu lesen. Offensichtlich hatte jeder seine eigene Persönlichkeit, doch es einte sie eine liebenswerte, charmante Art, wodurch ein starkes Gruppengefühl erkennbar war. Allesamt hatten sie gute Laune, das war sogar richtig ansteckend. Dieses gesellige Miteinander erstaunte mich zunehmend, schließlich arbeiteten sie nicht nur zusammen, sondern waren offenbar Willens, auch ihre Freizeit miteinander zu teilen. Sie verbrachten ihre vorgeschriebene Ruhezeit zusammen, also die Zeit bis zum nächsten Abflug. Und nicht nur das, sie planten bereits die gemeinschaftlichen Aktivitäten am Abend. Mein Bruder und ich konnten uns mit Restauranttipps beteiligen. Auch die anschließenden Partypläne waren ganz nach meinem Geschmack. Als hätte ich von Anfang an dazugehört, wurde ich sofort in ihre Gespräche miteinbezogen. Auch dass ich nach dem Sonnenbad am Pool nicht wieder heimfahren würde, hatten sie automatisch angenommen. Meine Anwesenheit war also nicht nur akzeptiert, ich gehörte dazu.

Animiert von der fröhlichen Stimmung und der unbeschwerten, ungezwungenen Atmosphäre konnte ich all meine Fragen zum Berufsalltag stellen. Eine faszinierende Antwort ergab die nächste und ich merkte, wie ich innerlich immer mehr aufblühte. Von da an war es um mich geschehen: Ich war von diesem Lebensstil und von dem Gruppenverhalten mitgerissen. Ich wollte einer von ihnen sein. Und so kam es dann auch.«

Contra: Was gegen den Beruf spricht

Zwar ist der Alltag nicht immer so glorreich, wie er beispielsweise in Filmen dargestellt wird, dennoch lässt sich ein gewisser Status des Berufes nicht abstreiten. Das gesellschaftliche Ansehen reicht von einem glamourösen und erstrebenswerten Traumberuf bis hin zu einer ungerechten Abqualifizierung zum »Kellner der Lüfte«. Kritisiert wird zudem, dass es sich nicht um einen anerkannten Ausbildungsberuf handelt, da die Ausbildung nur für jenes Unternehmen gültig ist, für das sie durchlaufen wurde. Zwar ist daran grundsätzlich nichts auszusetzen, doch kann es vereinzelt hinderlich bei der weiteren Karriereplanung sein, wenn die Ausbildung bei einer anderen Airline oder in staatlich geförderten Bildungsprogrammen nicht anerkannt wird.

Der Arbeitsalltag ist durch häufige Veränderung geprägt. Das unstete Leben im Schichtdienst kann sich durch körperliche Beschwerden wie beispielsweise unangenehme Magenprobleme und Darmerkrankungen, anhaltende Schlafstörungen sowie fehlende mentale Entspannung bis hin zum Burnout bemerkbar machen. Die physische Arbeit durch ständiges Bücken, Tragen und Heben beansprucht den gesamten Bewegungsapparat.

Eine weitere körperliche Belastung kommt durch das Flugzeug selbst. Verantwortlich hierfür ist die Druckkabine, die den Innendruck reguliert. Die Druckschwankungen während zahlreicher Starts und Landungen wirken so, als würdest du einen mittelhohen Berg mehrmals am Tag hinauf- und wieder hinunterklettern. Besonders zu spüren bekommst du das auf der Kurz- und Mittelstrecke, da hierbei die Flugzeiten von kurzer Dauer sind und mehr Starts und Landungen stattfinden.

»Meist siehst du nur das Terminal vor dir,
steigst aber aus dem Flugzeug nicht aus.
Anstatt viele Orte kennenzulernen, siehst du
auf der Kurzstrecke hauptsächlich Flughäfen.«
Dhakiya, 23 Jahre, Kenia

Beim Flugdienst auf der Langstrecke hast du deutlich weniger Starts und Landungen, dafür werden mehrere Zeitzonen durchquert. Dies führt dazu, dass dir weniger Erholungsphasen zur Verfügung stehen und du zunehmend müde wirst. Wenn sich der gewohnte Schlaf-wach-Rhythmus verschiebt, verändert sich als Konsequenz daraus dein Schlafverhalten. Nachts aufzuwachen und nicht mehr einschlafen zu können tritt ebenso verstärkt auf wie starke Müdigkeit tagsüber.

Flugzeuge sind als Arbeitsbereich laut, eng und bieten keinen nennenswerten Raum zum Rückzug. Es fehlt an Privatsphäre und an der Möglichkeit, ungestört seiner Arbeit nachzugehen. Jeder Handgriff findet unter der Beobachtung neugieriger Passagiere statt. Fluggäste finden zudem Gefallen daran, auf Kleinigkeiten zu achten. Dies umfasst den eigentlichen Flugablauf, die Koordination innerhalb der Kabinenbesatzung, genauso wie den Umgang mit anderen Passagieren. Letzteres erfordert besonderes Geschick und Gespür, schließlich bringt jeder Fluggast seine eigene Stimmungslage mit. Innerhalb weniger Sitzreihen triffst du auf ängstliche, wütende und fordernde Menschen, die alle auf ihre eigene Weise Verständnis und Geduld benötigen.

Das Risiko, in eine Konflikt- beziehungsweise Gefahrensituation zu geraten, ist höher als in anderen Berufssparten. Ein Fluggast kann erkranken, sich selbst oder andere verletzen oder aufdringlich werden. Andererseits kann ein elektronisches Gerät jederzeit zu rauchen beginnen oder ein missachtetes Rauchverbot auf der Toilette zu einem Feuer führen.

Für zeitweiligen Nervenkitzel sorgen die unterschiedlichen Wetterverhältnisse. Zum Beispiel kann es passieren, dass während eines einzigen Dienstes eine Schlechtwetterzone in großen Höhen durchflogen werden muss, ein Sandsturm für Turbulenzen sorgt und die Landung bei dichtem Schneefall absolviert werden muss.

Wer durch seinen Arbeitgeber viele Auslandsübernachtungen hat, wird rasch eine neue Form des Alltages kennenlernen: Man führt ein Leben aus dem Koffer, checkt zu unmöglichen Uhrzeiten in Hotels ein und aus und hat mit bislang unbekannten Gegebenheiten zu tun. Das darf dich ebenso wenig stören wie das Schlafen in fremden Hotelbetten in ständig neuer Umgebung.

Erledigungen, Verabredungen, familiäre Feierlichkeiten und liebgewonnene Traditionen müssen den meist monatlich erscheinenden Dienstplänen untergeordnet werden. Mehr als vier Wochen im Voraus zu planen ist oft unmöglich. Trotz dieses kurzen Zeitrahmens gibt es keine Planungssicherheit, da Änderungen jederzeit möglich sind. Die Arbeitszeit von Flugbegleitern ist maximal flexibilisiert. Dazu kommt, dass die kurzfristige Rufbereitschaft die zur Verfügung stehende und nutzbare Zeit zu Hause beeinflusst. Es sind Faktoren wie diese, die sich belastend auf das Familienleben auswirken. Jeder Dienstplan fordert Akzeptanz und Verzicht in einer Partnerschaft.

Auch den harten Wettbewerb innerhalb der Branche bekommst du als Teil des Flugpersonals zu spüren. Die Luftfahrt ist besonders anfällig für Krisen, politische Auseinandersetzungen und zwischenstaatliche Handelskonflikte. Der wirtschaftliche Erfolg einer Airline wird außerdem durch Umweltfragen oder steigende Ölpreise negativ beeinflusst. Diese Faktoren fördern die Unsicherheit im Job ebenso wie die häufigen Zeit- und Saisonverträge und die Austauschbarkeit der eigenen Arbeitskraft. Die Sorge, jederzeit den Job verlieren zu können, nicht zuletzt durch den Verlust deiner Flugtauglichkeit, ist dein ständiger Begleiter.

Mit jedem Lebensjahr ändern sich die sozialen Bedürfnisse und Wünsche in der Karriereplanung. Je nach Lebensphase werden andere Ziele verfolgt: So hat jemand Anfang zwanzig mit kürzlich abgeschlossener Schulausbildung andere Wünsche als eine Person in den Dreißigern, für die eventuell die Familienplanung im Raum steht. Wie schwer die jeweiligen Argumente des Für und Wider wiegen, musst du letztlich für dich selbst entscheiden.

Fragen wir Emily, 24 Jahre,
Flugbegleiterin aus Australien

»Ich vermisse meine Familie und meine Freunde«

»Es geht um Momente wie diese, wenn ich wie eben über den Marktplatz von Marrakesch schlendere. Ich genieße es, hier zu sein. Dabei beobachte ich unauffällig das hektische Treiben der Einheimischen. Ich atme tief die intensiv duftenden orientalischen Aromen ein, da sie mich stets an eine längst vergangene Zeit aus 1001 Nacht erinnern. Währenddessen erspähe ich das köstlich aussehende arabische Essen, das überall auf den kleinen Tischen entlang der Gassen üppig auf den Tellern liegt, und wähle gedanklich bereits das passende Restaurant für das Abendessen aus. Das alles in der kurzen Zeit, während ich mich auf dem Weg zu den frisch gepressten Orangensäften der Marktkaufleute beeile. Ich schummele mich mittlerweile geübt an den marokkanischen Schlangenbeschwörern vorbei, in der Hoffnung, dass sie mich auch diesmal nicht ansprechen werden. Ach, das liebe ich an meinem Job! Ich liebe es auch mit Passagieren zu arbeiten, und ich habe das Gefühl, dass meine Gäste an Bord spüren, mit welcher Freude ich meine Arbeit verrichte.

Ob ich ein Leben lang Flugbegleiterin sein möchte? Nein, ich glaube nicht. Eines Tages möchte ich meine eigene Familie gründen, mit Kindern, Garten und allem, was dazu gehört. Ich vermisse jetzt bereits meine Verwandten und meine Freunde, wenn ich tagelang unterwegs bin.

Es gibt noch andere Nachteile, von denen ich nicht glaube, dass ich sie in einigen Jahren noch tolerieren möchte. Beispielsweise sind diese frühen Flüge schrecklich. Mit wenig Schlaf den Dienst nach einer kurzen Nacht zu beginnen ist unangenehm. Ebenso spüre ich, wie es meinem Körper bei vier Flügen am Tag ergeht. Er reagiert darauf, er verändert sich. Das ständige Auf und Ab ist körperlich anstrengend und mental anspruchsvoll. Nicht zu vergessen die Anpassung an verschiedene Zeitzonen. Ich bleibe immer in meiner gewohnten Zeitzone, die mein Körper kennt. Damit habe ich mir zumindest in diesem Punkt eine funktionierende Strategie zurechtgelegt. Auch wenn ich den Job schätze, ist es wichtig, Gedanken über die Nachteile nicht zu scheuen.«

Karrierechancen

Gehalt und Benefits

Bei vielen Fluglinien wird das Einkommen des Kabinenpersonals offen kommuniziert. Die Gehälter bringen zum Teil starke Abweichungen nach unten und nach oben mit sich. Je nach Unternehmen, Region, steuerlichen Gegebenheiten und Dienstrang unterliegt die Höhe enormen Schwankungen, die meist festgeschrieben und nur in Ausnahmefällen verhandelbar sind.

Vergleichst du die Gehälter verschiedener Flugunternehmen, lohnt sich ein Blick auf die Vertragsdetails. Anstelle des herkömmlichen Festgehaltes wie wir es aus anderen Branchen kennen, sind variable Gehaltsstrukturen nichts Ungewöhnliches. Finanzielle Anreize fördern die Leistungsbereitschaft der Mitarbeitenden, und um genau diesen Effekt bemüht sich jede Fluglinie. Andererseits kann das Management etwa in wirtschaftlich schwierigen Zeiten freiwillige Zusatzleistungen wie Boni kürzen. Bleibt das Grundgehalt unangetastet, ist der rechtliche Aufwand um einiges geringer.

Als variable Gehaltsbestandteile zählen etwa Taggelder (lat. *per diem*), die für deine Verpflegung im Ausland zusätzlich auf gesetzlicher Grundlage bezahlt werden. Darüber hinaus findest du in jeder Vereinbarung Regelungen für Überstunden, Zulagen für zusätzliche Flugabschnitte sowie eine Feiertags- und Nachtpauschale. Provisionen aus dem Bordverkauf können ebenso zum variablen Gehaltsbestandteil zählen wie Boni für zusätzliche Fremdsprachen, die Dauer der Betriebszugehörigkeit und die Übernahme von internen Aufgabenbereichen und Funktionen.

Abseits von Geldbezügen gibt es Sachwerte, die eine wesentliche Bereicherung darstellen. Eine dieser Beigaben ist eine zusätzliche Kranken- und Unfallversicherung, die nicht automatisch in allen Ländern vom Arbeitgeber bezahlt wird. Gerade im Gesundheitsbereich haben größere Fluglinien Kooperationen, die sich sehen lassen können. Als eine Art Belohnung für das Erreichen betriebsinterner Kennzahlen werden gerne mal vergünstigte oder gar kostenlose Mitgliedschaften in diversen Sporteinrichtungen wie Fitnesscentern angeboten oder die Kosten von Gesundheitsbehandlungen übernommen.

Die Sachwerte können unterschiedlich aussehen. Bietet ein Unternehmen Wohnmöglichkeiten an, steigert das die Attraktivität des Arbeitsgebers. Gleiches gilt für einen etwaigen Shuttleservice, der zwischen den Dienstwohnungen und dem Flughafen verkehrt. Ferner wird mit teils großzügigen Vergünstigungen auf Flugtickets, Mietautos und Hotelbuchungen sowie in Restaurants und Flughafenshops geworben. Gelegentlich profitieren die Mitarbeitenden von Kooperationen durch günstige Mobilfunktarife, Rabatte im Einzelhandel, Versicherungen und Privatkredite.

Bist du beruflich im Ausland unterwegs, kümmert sich die Fluglinie um die Organisation und die Bezahlung von Transport und Unterkunft. Außerdem werden die Kosten aller nötigen Trainingseinheiten vom Unternehmen getragen. Das gilt auch für die Grundausstattung deiner Uniform, wobei du dich um die Pflege und Instandhaltung fortan selbst kümmern musst.

Maßgebend ist allerdings, dass die Arbeit gerne verrichtet wird und du dich als Teil des großen Ganzen sehen kannst. Ein gutes Betriebsklima kann eventuell fehlende Vorteile wieder ausgleichen. Das eigene Wohlbefinden ist für eine ausgewogene Work-Life-Balance entscheidend. Wer so viel Zeit fernab der Familie verbringt, dem geht es üblicherweise nicht ausschließlich ums Geld.

Fragen wir Hiu Tung, 30 Jahre,
Flugbegleiterin aus Hong Kong

»Viele meiner Reisen hätte ich nicht für möglich gehalten«

»Schon witzig, ich stehe in einem Schloss in der japanischen Stadt Toyama. Bis vor einer Woche wusste ich nichts von dem Flug hierher, geschweige denn, dass es dieses traumhafte Fleckchen Erde überhaupt gibt. Die Stadt befindet sich circa 300 Kilometer von der Weltmetropole Tokio entfernt. Noch ist es Winter und nur wenige internationale Touristen sind hier. Umso schöner ist es für mich, diese Stadt bei Schneefall zu entdecken.

Nach dem Schulabschluss entschied ich mich, Polizistin zu werden. Meine Familie arbeitete für die Regierung, einen Job im öffentlichen Dienst anzustreben war also ein logischer Schritt für mich. Doch eines Tages erzählten mir Freunde von einer Fluggesellschaft aus dem kleinen Land Katar. Sie war bekannt dafür, Menschen aus unterschiedlichen Nationen und Herkünften einzustellen. Ich recherchierte im Internet und entschied mich, die Bewerbung abzuschicken. Es geschah aus einem Impuls heraus. Meine Eltern befanden mein spontanes Handeln für nicht gut. Umso verärgerter waren sie, als ich meine sichere Arbeitsstelle kündigte und beschloss, umzuziehen, da ich tatsächlich eine Anstellung bekommen hatte. Sie waren in Sorge, dass ich nicht mehr wiederkehren würde, wenn ich das Haus einmal verlassen hätte.

Mittlerweile sehen sie das anders. Sie sind beruhigt, da ich immer zurückkehre. Aufmerksam hören sie zu, wenn ich von meinen Reisen berichte. Genau darin liegt der Zauber, nämlich mein Zauber. Tag für Tag erlebe ich so viel Neues. Ich hatte atemberaubende Erlebnisse, die ich zuvor niemals für möglich gehalten hätte, und vieles liegt noch vor mir.

Ich habe auf einer Schiffstour Wale beobachtet, segelte mit einem Boot entlang felsenreicher Küstenlinien und machte Tauchgänge vor paradiesischen Inseln. Ich konnte mehrfach die erstaunliche Unterwasserwelt aus nächster Nähe beobachten. Ich besuchte Städte in den Vereinigen Staaten, machte Safari-Touren in Kenia und Tansania, verbrachte die Weihnachtszeit in Deutschland und sah die Polarlichter in ihren schönsten Farbfacetten im Winterparadies Finnland. Meine Flüge führten mich quer über alle Kontinente und brachten mich zu meinem bislang beeindruckendsten Reiseziel: Bonaire, einer kleinen karibischen Insel.

Genug gesehen habe ich noch längst nicht. Ich habe sogar eine persönliche Liste mit Abenteuern, die ich unbedingt erleben möchte, bevor ich ein bestimmtes Alter erreiche. Nicht immer geht es mir dabei um actionreiche Aktivitäten. Jedes Mal, wenn ich zu Besuch in einem Land bin, erfahre ich viel über die Einheimischen und ihre Kultur.«

Karriereleiter und Zukunftsaussichten

Wenn du ausreichend Berufserfahrung im Unternehmen gesammelt hast und zukünftig mehr Verantwortung übernehmen möchtest, eröffnen sich dir innerhalb der Fluggesellschaft Aufstiegschancen. Selbstverständlich solltest du zuvor nicht negativ aufgefallen sein, denn nur kontinuierlich gute Leistungen ermöglichen eine Führungsposition an Bord.

Auf jedem Flug gibt es eine ranghöchste Flugbegleiterin, für deren Position es unterschiedliche Bezeichnungen wie beispielsweise »Purser«, »Senior Flight Attendant«, »Cabin Chief«, »Maître de Cabine« oder »Cabin Service Manager« gibt. Abgesehen von den alltäglichen Pflichten gehört es zu deinen Aufgaben als Chefflugbegleiterin, das Team auf den Arbeitstag vorzubereiten, es währenddessen zu koordinieren und dabei stets den Überblick zu behalten. Du übernimmst die Einsatzbesprechung vor dem Flug, kommunizierst mit dem Bodenpersonal, führst Bordansagen durch, beaufsichtigst neue Kollegen und erledigst den Papierkram nach dem Flug. Außerdem zeichnest du für die Leistungen der übrigen Besatzungsmitglieder verantwortlich und regelst Unstimmigkeiten an Bord. Während des Fluges stehst du mit dem Cockpit in Kontakt und unterrichtest die Piloten über aktuelle Ereignisse in der Kabine.
Bei Großraumflugzeugen auf der Langstrecke unterscheidet sich der Aufstieg zur leitenden Flugbegleiterin nur geringfügig. Aufgrund der unterschiedlichen Beförderungsklassen beginnst du zunächst in der Economy-Class und kannst dich danach langsam zu den Gästen in der Business- und First-Class hocharbeiten. Der unterschiedliche Serviceanspruch der Flugpassagiere wird somit genutzt, um daraus eine Karriereleiter abzuleiten, an deren Ende wiederum die Position der Chefflugbegleiterin steht.

Abseits des aktiven Flugdienstes besteht die Möglichkeit, dich in andere Aufgabenfelder im Unternehmen einzubringen. Durch dein fachspezifisches Wissen und das professionelle Auftreten bist du als Assistenz bei Messen und Events für die Fluglinie hilfreich. Die Erfahrung ausgewählter Kollegen wird zudem in Kundenbindungsprogrammen und im Rekrutierungsteam wirkungsvoll eingesetzt. Je nach persönlicher Begabung und Interesse sind auch reine Bürodienste wie etwa in der Crewplanung möglich, sofern dieser Umstieg vom Unternehmen unterstützt wird.

Trainerausbildung

Eine andere Form der beruflichen Weiterentwicklung ist die Berechtigung, nachfolgende Generationen auf ihre Laufbahn als Flugbegleiter vorzubereiten. Eines Tages selbst Ausbilderin zu werden ist ein erstrebenswertes Ziel, das entweder als Alternative oder als Ergänzung zur Arbeit im Flugzeug gedacht ist.

Auch wenn es zumeist mehr Interessierte als offene Stellen gibt, stehen die Chancen, eines Tages im Lehrsaal zu unterrichten, aufgrund des hohen Trainingsbedarfs gar nicht so schlecht. Neben der Grundausbildung für die neuen Kolleginnen und Kollegen benötigen alle aktiven Besatzungsmitglieder wiederkehrenden Schulungen, deren verpflichtender Umfang unterschiedlich ist. Da braucht es eine entsprechende Anzahl von Ausbildenden, um die Vielzahl an Unterrichtseinheiten bewerkstelligen zu können. Diese Mitarbeitenden stammen entweder aus den eigenen Reihen oder werden durch externe Trainingsanbieter, die kurzzeitig unter Vertrag genommen werden, gestellt.

Beim Unterrichten kommt es längst nicht nur auf deine soziale Kompetenz und das Fachwissen an, wobei beides grundlegend ist. Du benötigst auch unternehmerisches Denken und solltest dieses an die Kursteilnehmenden authentisch vermitteln können. Das fliegende Personal soll Entscheidungen des Managements mittragen und die Werte in Form von Dienstleistungen an den Flugpassagier weitergeben. Zudem liegt es in der Verantwortung der Ausbildenden, dass alle an einem Strang ziehen, ihre rechtlichen Grundlagen kennen und die Richtlinien in puncto Styling, Kommunikation, flugbetriebliche Abläufe und sicherheitsbezogene Trainings befolgen.

Viel Zeit bleibt in den Schulungen nicht, um die Teilnehmenden auf die Servicestandards zu trainieren, da die Stundenpläne meist ausgefüllt sind. Trotz der vielen Unterrichtseinheiten benötigt es eine individuelle Begleitung der Auszubildenden. Das gilt vor allem für die schwer erlernbaren und meist unangenehmen Inhalte wie beispielsweise vor Publikum zu sprechen. Es ist eine Sache, Bordansagen auswendig zu lernen und diese vor sich selbst aufzusagen, eine andere, vor Zuhörerinnen und Zuhörern ins Mikrofon zu sprechen. Ein beschleunigter Herzschlag, schnelle Atmung, schwitzige Hände, Zittern am Körper, trockener Mund, plötzlicher Harndrang oder Übelkeit sind Symptome, wie sie auch Schauspieler vor ihrer Aufführung kennen. Kaum jemand mit dem Berufswunsch Flugbegleiter rechnet damit, eines Tages mit einer derartigen Nervosität beziehungsweise Verlegenheit konfrontiert zu werden. Damit am Ende eine allgemein verständliche Bordansage in angenehmer Stimmlage und Redegeschwindigkeit frei und flüssig über die Lippen kommt, benötigt es professionelle Unterstützung von einer verständnisvollen Trainerin. Ein Lehrbuch allein hilft da nicht weiter.

Fragen wir Muriel, 33 Jahre,
Flugbegleiterin aus Belgien

»Erkläre jemandem, der keinen Alkohol trinkt, wie er schmeckt«

»Als ich meinen Job als Lehrerin gegen die Tätigkeit als Flugbegleiterin eintauschte, konnte ich keinesfalls ahnen, dass ich die Erfahrung aus meinem angestammten Beruf nochmals benötigen würde. Die Pädagogik ist zwar definitiv keine Voraussetzung für eine Mitarbeit im Trainingsteam einer Fluggesellschaft, dennoch hat sie mir beim Emporklettern der Karriereleiter geholfen.

Mein Leben als Trainerin möchte ich in wenigen Zahlen zusammenfassen. Ich spreche vier Sprachen fließend und verfüge über zusätzliches Verständnis von drei weiteren Sprachen. Im Durchschnitt der letzten Jahre durfte ich zwölf Flugbegleiter pro Woche trainieren, tauschte jeden Monat das Flugzeug mit dem Lehrsaal. Während ich also in dem einen Monat aktiv geflogen bin, konnte ich im darauffolgenden wieder unterrichten. Innerhalb von vier Jahren habe ich 864 Auszubildende betreut, das ist ein Spitzenwert in meinem Unternehmen. Besonders gefällt mir das internationale Umfeld, in dem ich mich bewege. Meine Teilnehmenden stammten bislang aus über sechzig Ländern und Nationen.

Das alles wäre mir entgangen, wäre ich bei meinem alten Job als Lehrerin geblieben. Auch hätte ich mir keine Gedanken gemacht, wie ich Muslimen erkläre, wie unsere Weine und Spirituosen an Bord schmecken. Da sie nie zuvor Alkohol kosteten, und nicht ausgerechnet wegen mir mit dem Trinken anfangen wollten – so etwas hätte ich auch niemals zugelassen – musste ich nach passenden Vergleichsmöglichkeiten zu Früchten und Aromen suchen. Es war Teil meiner Aufgabe, sie für ihren Aufstieg zu den Fluggästen der First-Class auszubilden, damit sie am Ende des Lehrgangs in der Lage sein würden, Weinempfehlungen an die Passagiere auszusprechen.«

Fliegen und studieren

Ein berufsbegleitendes Studium erfordert Disziplin und Ausdauer. Ohne Abstriche zu machen funktioniert das freilich nicht, und meist geschieht dies auf Kosten des Privatlebens. Die Doppelbelastung führt zu einem erhöhten Stresslevel und zu Ermüdungserscheinungen, da die so wichtigen entspannenden Phasen nach dem Flugdienst fehlen. Das gilt nicht nur für ein Universitätsstudium, sondern auch für das Absolvieren einer Abendschule, eines Praktikums und jedes anderen Lehrgangs zu Fortbildungszwecken.

Die Möglichkeit, diesen schönen Beruf mit einer Ausbildung zu kombinieren, ist auch für manche Fluggesellschaften eine gute Gelegenheit, auf saisonale Schwankungen zu reagieren. So stehen etwa Ferienflieger oder Charterunternehmen vor der Aufgabe, Personalengpässen in der Hochsaison entgegenzuwirken und ihre Flugzeuge mit ausreichend Arbeitskräften einsatzbereit zu halten. Aus diesem Grund locken Airlines mit lukrativen Arbeitszeitmodellen wie etwa Teilzeit und bieten eigens sogenannte Study-and-fly-Programme an.

Allerdings besteht kein Anspruch auf flexible Arbeitszeiten, die sich nach deinen privaten Aktivitäten oder der Anwesenheitspflicht eines Kurses richten. Der Fokus bleibt bei der Arbeit selbst, also beim Fliegen. Um dennoch keine Ausbildungskurse, Vorlesungen, Fristen, bedeutsamen Termine oder gar Prüfungen zu verpassen, bleibt dir die Möglichkeit, Dienste zu tauschen, deine freien Tage für den jeweiligen Zeitraum zu beantragen oder Urlaubstage in Anspruch zu nehmen.

Fragen wir Kathrin, 40 Jahre,
Flugbegleiterin aus Deutschland

»Mein Herz ist im Flugmodus«

»Mein großes Interesse an der Luftfahrt zeigte sich schon in jungen Jahren. Doch nach meiner erfolgreich absolvierten Ausbildung zur Flugbegleiterin entschied ich mich, mir ein zweites Standbein zu schaffen. Damals wie heute wusste ich nicht, ob mir das Fliegen auch in Zukunft noch Freude bereitet.

Neben meinem Vollzeitjob in der Luftfahrt widmete ich jede freie Minute meinem Studium. Die Belastung wuchs mit der Anzahl an Prüfungen und machte es mir dadurch doppelt schwer. Mein Ausgleich waren die Flugdestinationen, die ich dank des großen Streckennetzes anfliegen und kennenlernen konnte. Während ich viel Zeit und Energie ins Studium investierte, schlug mein Herz fürs Fliegen.«

VIP-Flugbegleiterin am Businessjet

Eine weitere Möglichkeit, als Flugbegleiterin zu arbeiten, ist die Tätigkeit im Privat- beziehungsweise Businessjet. Anders als bei der Fluglinie wird nur dann geflogen, wenn der Kunde dies wünscht, und nicht etwa, weil der Flugplan es vorsieht. Der Jet und die Crew müssen innerhalb kürzester Zeit abflugbereit sein. Die Flugzeugeigentümer und deren Kundschaft schätzen diese Flexibilität, immerhin ist sie ein gewichtiger Grund, warum sich Unternehmen und Privatpersonen dieses luxuriöse Transportmittel leisten. Für die Besatzung bedeutet das ein Leben auf Abruf. Der gesamte Betrieb ist auf den Kunden abgestimmt, denn dieser Teil der Luftfahrt lebt von der Individualität.

Für berühmte Persönlichkeiten, Adelige, Politiker, Sportlerinnen oder vermögende Menschen an Bord eines Privatjets zu arbeiten, bedeutet nicht nur, die Lebensweise der Gäste mitzubekommen, sondern den eigenen Rhythmus an deren Gewohnheiten anzupassen. Je nach Arbeitsvereinbarung bist du tage- oder gar wochenlang unterwegs, meist ohne Unterbrechung und die Möglichkeit, zwischendurch nach Hause zu kommen. Während dieser Zeit gibt es weder fixe Arbeitszeiten noch wiederkehrende Flugpläne, wie es aus dem Streckennetz einer Fluglinie bekannt ist. Im Grunde ist jedes Reiseziel jederzeit möglich. Du besuchst Metropolen und gelangst zu den entlegensten Gebieten, was beides für Weltenbummler einen hohen Reiz hat. Während du eben noch den feinen weißen Sand und das kristallklare Wasser der Karibik bewundern konntest, wartet zwei Tage später eine Blockhütte im Norden Kanadas auf dich. Jeder Flugeinsatz bringt ein neues Abenteuer, das die Chance auf einzigartige Erlebnisse in sich birgt. Schon allein das Kofferpacken wird zu einer echten Herausforderung, denn wenn du zu Beginn nicht weißt, wo du Tage später sein wirst, benötigst du Badekleidung ebenso wie wärmende Winterpullover.

»Anfangs fühlte ich mich geehrt, Prominente zu fliegen. Heute sehe ich sie als normale Menschen wie dich und mich. Die Unterschiede zur Airline sind dennoch klar erkennbar.«
Lana-Theresa, 28 Jahre, Österreich

Wie lange der Aufenthalt an einem Ort andauert, hängt einzig und allein von den privaten und beruflichen Zielen der Kundschaft ab. Manchmal benötigt sie ihr luxuriöses Transportmittel seltener, dann steht das Flugzeug tagelang ungenutzt am Boden. Für dich hat das ein verändertes Verständnis von Freizeit zur Folge. Während private Aktivitäten bei einer Fluglinie planbar sind, ergibt sich die Freizeit im Geschäftsreiseverkehr (engl. *business aviation*) aus dem Umstand heraus, dass gegenwärtig kein Flug geplant ist. Während der Dienstzeit bist du zusammen mit deinen Kollegen aus dem Cockpit stets rufbereit, immer darauf gefasst und vorbereitet, dich spontan auf den Weg zum Flughafen zu machen und zu deinem neuen Ziel aufzubrechen.

Die Mehrheit der Businessjets wird mit zwei Piloten und einer Flugbegleitung geflogen. Bei jenen mit der Größe eines Jet-Airliners benötigt es mehr Personal in der Kabine, um die Betreuung der Passagiere aufteilen zu können. Doch egal wie groß letztlich das luxuriöse Transportmittel ist, im Privatjet stehst du als Flugbegleiterin mehr in der Verantwortung, da du dich um alle Wünsche und um jedes Detail vor, während und nach dem Flug kümmern musst.

Am ehesten lässt sich die Tätigkeit als VIP-Flugbegleiterin damit vergleichen, ein eigenes kleines Hotel zu führen. So wird der Boden selbst gesaugt, sämtliche Kästchen, Läden und Schränke gewischt, die Möbel poliert, die Sitze gereinigt und das WC geputzt. Von der Küchenrolle bis hin zum Toilettenpapier wird eigenständig im nächstgelegenen Supermarkt eingekauft. Was nicht selbst erledigt werden kann, muss mit anderen Unternehmen organisiert und abgesprochen werden. Es braucht dein Improvisationstalent, wenn es beispielsweise um die Reinigung von Decken und Matratzen geht oder die Kaffeemaschine ausgerechnet an einem Ort ausfällt, an dem es weder Reparatur- noch Ersatzmöglichkeiten gibt.

Die Inneneinrichtung eines Businessjets entspricht immer den Wünschen seiner Eigentümerin. Während die kleineren Privatflugzeuge häufig mit geräumigen Ledersitzen stilvoll ausgestattet sind, um Geschäftsleute rasch und komfortabel von A nach B zu fliegen, gleichen die größeren Modelle einem fliegenden Palast. Standardmäßig werden der Wohn-, Ess- und Schlafbereich voneinander abgetrennt, um einen besonderen Komfort zu bieten. Manche Privatflugzeuge bieten sogar ein zusätzliches Besprechungs- beziehungsweise Arbeitszimmer, in das sich die Fluggäste ungestört zurückziehen können. Funktionalität und Design lassen dabei keine Wünsche offen. In großen Dimensionen wird auch beim Entertainment- und Soundsystem gedacht. Von der Heimkinoanlage bis hin zu hochmodernen Multifunktionsbildschirmen, Internetzugang und der individuellen Bordbeleuchtung gibt es jede Menge Extras. Um sich auf die Schlafenszeit einzustimmen, kann die Kabinendecke einen Sternenhimmel imitieren. Auch andere Lichteffekte wie ein romantischer Sonnenaufgang können auf Wunsch dargestellt werden.

Dem Essens- und Getränkeservice an Bord wird besonders viel Aufmerksamkeit geschenkt. Der Anspruch, sich verwöhnen zu lassen, ist wohl am ehesten mit dem Betreuungsumfang aus der First-Class eines Linienfluges zu vergleichen. Der Fluggast erwartet eine Serviceleistung, die der gehobenen Gastronomie entspricht. Während sich bei einer Fluglinie viele helfende Hände um die gesamte Logistik kümmern – oftmals stehen große Abteilungen dahinter –, übernimmst du als VIP-Flugbegleiterin diese Aufgaben eigenverantwortlich. In Eigenregie kümmerst du dich um den Lagerbestand an Bord, vom Wareneinkauf über die Zusammensetzung aller Speisen bis hin zum fertigen Menü. Je nach Gewohnheiten und Wünschen deiner Passagiere wird auf ideenreiche Kreationen Wert gelegt. Um das zu erreichen, beginnt die Detailplanung der Speisenabfolge im Hotelzimmer, von wo aus du die Bestellung beim zuständigen Cateringunternehmen vornimmst. Um fehlende Gewürze und nicht lieferbare Zutaten musst du dich selbst kümmern. Entweder kann dir die Hotelküche dabei behilflich sein oder es werden Lebensmittel im nächstgelegenen Supermarkt eingekauft. Die Firmenkreditkarte ermöglicht dir, die Kundschaft vollends zufriedenzustellen, indem alle Sonderwünsche berücksichtig werden.

»VIP-Gäste achten auf ihre Privatsphäre.«

Sema, 31 Jahre, Türkei

Vor dem Flug werden Spirituosen, Weine und antialkoholische Erfrischungen geladen. Das Essensangebot wird ordentlich sortiert und griffbereit verstaut. Kristallgläser, Porzellan und Stoffservietten verleihen dem Galadinner einen exquisiten Rahmen. Beim Flug im Privatjet geht es um mehr als nur um den Transport von A nach B. Manche Passagiere verbringen so viel Zeit in der Luft, dass ihnen das Ambiente an Bord besonders wichtig ist.

Die Vorlieben deiner VIP-Passagiere zu kennen und die jeweilige Situation richtig einzuschätzen, wird im Businessjet von dir erwartet. Damit die Gäste ungestört bleiben und sich zurückziehen können, agierst du stets im Hintergrund. Es benötigt ein wenig Fingerspitzengefühl, zu wissen, wann die eigene Anwesenheit erwünscht ist und wann nicht. Findet an Bord ein Meeting unter Geschäftspartnerinnen statt, ist die Wahrung der Privatsphäre möglicherweise vorrangig vor der Frage nach einem weiteren Gläschen Wein. Solltest du unbeabsichtigt vertraulichen Gesprächsstoff deiner Gäste mitbekommen, steht deine Integrität und Verschwiegenheit an oberster Stelle.

Schwangerschaft und Mutterschutz

Mit einem positiven Schwangerschaftstest stehst du schnell vor der Frage, wie es beruflich weitergeht. Einheitliche Regeln gibt es hier leider keine. Jede Fluglinie geht damit anders um und entscheidet, ob mit dem Fliegen bereits bei Bekanntwerden der Schwangerschaft Schluss ist oder deine Tätigkeit über den Wolken bis zum dritten Monat gestattet bleibt. Lediglich in Einzelfällen darf noch länger gearbeitet werden, allerdings setzt diese Entscheidung ärztliche Zustimmung sowie einen komplikationslosen Schwangerschaftsverlauf voraus.

Fliegen ist in der Schwangerschaft weitaus anstrengender. Umwelteinflüsse wie Lärm am Flughafen, Vibrationen an Bord und die Zeitverschiebung erschweren deine Arbeit zusätzlich. Zu Beginn der Schwangerschaft kommt es vermehrt zu Übelkeit, Müdigkeit, Krämpfen, erhöhtem Harndrang und zu Kreislaufproblemen. Da all diese Symptome während der Ausübung der beruflichen Tätigkeit unangenehm sind, rät die Flugmedizin dazu, die Anzahl der Flüge auf das unbedingt erforderliche Maß zu reduzieren oder, im Falle von Risikoschwangerschaften, aufs Fliegen gänzlich zu verzichten.

Ist dein Kind auf der Welt, kommt es auf die örtliche Gesetzeslage an, wie es mit deinem Dienstverhältnis weitergeht. Idealerweise kann die Beschäftigung nach der Zeit des Mutterschutzes (engl. *maternity leave*) weitergeführt werden. Doch je nachdem, wie die staatlichen Unterstützungsprogramme und rechtlichen Voraussetzungen aussehen, kann eine Schwangerschaft auch zur sofortigen Beendigung des Dienstverhältnisses führen. Der Umgang mit den Mitarbeiterinnen ist verschieden, nur wenige Unternehmen bemühen sich, werdenden Müttern eine vorrübergehende Stelle im Büro anzubieten, die ihnen die Rückkehr in ein geregeltes Arbeitsverhältnis erleichtert.

Kinder und Beruf

Die Vereinbarkeit des Berufslebens mit der Kindererziehung ist durch die wiederholte Reiseaktivität eine Herausforderung. Es erfordert viel Kommunikation mit dem Partner und Kompromissbereitschaft auf beiden Seiten, um einen guten Weg für die eigene Familie zu finden. Denn auch wenn Väter im Flugdienst ebenfalls Zugeständnisse machen müssen, ist es heutzutage noch oft so, dass die Frauen die wesentlichen Aufgaben des Familienmanagements übernehmen. Daher haben es männliche Kollegen dahingehend meist leichter. Zwar ändern sich die Rollenbilder langsam und die Zuständigkeiten werden allmählich gerechter verteilt, jedoch schwingen unweigerlich individuelle Bilder und Erwartungshaltungen mit, wenn es um die eigene Familie geht. Nicht immer stellt sich dabei die Frage des Wollens, denn viele sind auf das Geld angewiesen und wenden dabei nicht zu unterschätzende Energie auf, um Familie und Beruf unter einen Hut zu bekommen. Und dennoch ist es so, dass ein Vater, der mehrere Tage abseits der Familie im Flugdienst verbringt, sich wesentlich weniger Kritik aussetzen muss als eine Mutter, die dasselbe tut.

Ein fliegender Arbeitseinsatz als Elternteil geht immer damit einher, eine gesicherte Aufsicht für die Kinder zu organisieren, wenn der Partner oder die Partnerin nicht zur Verfügung steht. Bei Auslandsaufenthalten braucht es zudem eine Rund-um-die-Uhr-Betreuung des Nachwuchses. Wer auch immer diese Rolle übernimmt, Familienangehörige, Freunde oder eine professionelle Betreuungsperson, die Kinderbetreuung muss kurzfristig verfügbar sein. Es muss die Möglichkeit geben, gelegentlich längere Zeit auf die Kinder aufzupassen, sie in den Kindergarten zu begleiten oder von der Schule abzuholen. Der Dienstplan kann sich jederzeit ändern, reguläre Flüge verspäten sich oder fallen sogar ganz aus, etwa durch schlechtes Wetter. Für all diese Unberechenbarkeiten ist ein stabiles Umfeld notwendig, um die Familie und den Beruf in der Luftfahrt zu vereinen.

Fragen wir Carla, 31 Jahre,
Flugbegleiterin aus Portugal

»Blicke positiv in die Zukunft«

»Im Alter von 23 Jahren wurde ich während meines Studiums schwanger. Ich machte meinen Abschluss und ging danach in Teilzeit arbeiten. Als frischgebackene Mama hatte ich einen achtsamen Umgang mit Geld. Notgedrungen kannte ich all die Spartipps – eine andere Wahl hatte ich auch gar nicht, als auf jede Ausgabe zu achten. Doch am Monatsende reichte mein Einkommen wieder nicht aus. Es war einfach zu wenig, um das Leben mit einem Baby zu bestreiten.

Im Auswahlverfahren einer Fluggesellschaft konnte ich mich gegen andere Bewerber durchsetzen. Der anfänglichen Freude wich Enttäuschung. Ich war glücklich und traurig zugleich, denn die Airline konnte mich nicht unter Vertrag nehmen. Sie wollten sich wieder bei mir melden, sobald eine Stelle frei werden würde. Zu warten, ohne zu wissen, wie lange die Situation andauern würde, war mir zu riskant.

Zu gleichen Zeit war es zu Hause chaotisch und meine Situation schien festgefahren. Mit dem Vater meines Kindes gab es viele Diskussionen und die Probleme schienen Überhand zu nehmen. Und ja, da war sicher kurz das Gefühl in mir, wegzulaufen. Doch vielmehr hatte ich den Wunsch, ein neues Leben zu beginnen, die Vergangenheit ruhen zu lassen und positiv in die Zukunft zu blicken, meinem Sohn und mir zuliebe.

Nach einer Vielzahl an Bewerbungen war meine große Chance gekommen. Ich siedelte in ein anderes Land über, sechs Stunden Flugzeit von zu Hause entfernt. Während der anfänglichen Ausbildungsphase von etwa einem halben Jahr musste ich meinen Sohn bei meiner Familie zurücklassen. Als liebende Mutter, die alles für ihr Kind macht, war das eine harte Entscheidung, dennoch musste sie für unser langfristiges Wohl getroffen werden.

Wo immer ich auf der Welt unterwegs war, stellte ich mir einen Wecker, um mit meinem Sohn zu sprechen. Manchmal war es mitten in der Nacht. Doch das war mir egal, ich wollte alles für meinen kleinen Sonnenschein möglich machen. Während meine Kollegen auf Sightseeing-Tour waren oder Party machten, blieb ich im Hotelzimmer. Ich sparte mein verdientes Geld, um es als Unterstützung nach Hause zu überweisen.

Heute führen wir ein fröhliches, gesundes und finanziell ausgeglichenes Leben. In allem, was ich tue, hat mein Sohn immer Priorität. Er ist mit der Luftfahrt groß geworden, er kennt es nicht anders. Natürlich ist er traurig, wenn ich unterwegs bin, zugleich ist er mächtig stolz auf seine fliegende Mama.«

Gesundheit und Lifestyle

Die körperliche Fitness aufrechtzuerhalten ist besonders essenziell, nichts Geringeres als deine Flugtauglichkeit hängt davon ab. An Bord wirken Kräfte auf dich, die einen Ausgleich durch Bewegung und Sport verlangen. Ansonsten kann langfristig deine Gesundheit unter der Belastung leiden.

»Um mein Stresslevel zu senken,
lege ich tägliche Bewegungseinheiten ein.
Hierfür nutze ich die Sporteinrichtungen der Hotels.«
Annegrit, 22 Jahre, Schweden

Nicht nur auf der Erdoberfläche, gerade in großen Höhen sind wir Menschen einer permanenten natürlich vorkommenden Strahlung ausgesetzt. Je höher das Flugzeug fliegt, desto stärker wirkt diese auf uns ein. Was sich bei Wenig- und Gelegenheitsfliegenden als unbedenklich erweist, wirkt sich bei beruflichen Vielfliegern sehr wohl auf den Körper aus. Flugbegleiterinnen und Cockpitbesatzung sind der kosmischen Strahlung häufiger ausgesetzt als der durchschnittliche Reisende. Zum Schutz des fliegenden Personals werden die Strahlungsmengen laufend gemessen. Die erlaubte Höchstgrenze liegt jedoch so hoch, dass selbst die bloße Annäherung an diesen Wert als äußerst unwahrscheinlich gilt.

Eine weitere Belastung für den menschlichen Organismus geht von der Druckkabine aus. Der künstlich erzeugte Innendruck zwingt unsere Ohren zu einem Druckausgleich bei Steig- und Sinkflügen. Bei gesunden Menschen passiert das ohne eigenes Zutun. Sowohl die Zu- als auch die Abnahme des

Kabinendrucks geht langsam, sodass unser Körper ausreichend Zeit hat, sich darauf einzustellen. Allerdings scheitert er an diesen Vorgängen, sobald wir eine Erkältung haben. Wer mit grippalen Infekten und verstopften Nasennebenhöhlen zur Arbeit geht, riskiert Schmerzen und dauerhafte Folgeschäden.

Bei einer sehr leichten Erkältung funktioniert der Druckausgleich mit Nase zuhalten, gefühlvollem Dagegenpressen und anschließendem Schlucken. Kauen und Gähnen animiert die kleinen Muskeln der Eustachischen Röhre zum Zusammenziehen und zum Öffnen des Verbindungskanals. Um diesen Vorgang zu erleichtern, wird die Zuhilfenahme eines geeigneten Nasensprays empfohlen. Dieses bewirkt ein Abschwellen der Schleimhäute, mindert den Schnupfen und erleichtert so den Druckausgleich. Doch bei stärkeren Erkältungen, schmerzenden Stirnhöhlen und verstopften Nasennebenhöhlen helfen diese kleinen Tricks nicht mehr. In der Luft verstärken sich die Symptome um ein Vielfaches. Als Folge einer Druckverletzung im Ohr können komplexe Erkrankungen des menschlichen Hörapparates entstehen. Das Trommelfell kann durch zu starke Dehnung Risse erhalten, was zu dauerhaften Schädigungen bis hin zum Gehörverlust führen kann.

Unzählige Mitarbeitende des Flugpersonals haben ihre medizinische Tauglichkeit infolge eines starken Schnupfens bereits verloren. Aus falscher Scham oder gar aus Fehleinschätzung der eigenen Erkältung wurde von einer Krankmeldung abgesehen. Auch wer schon am Boden starke und anhaltende Kopfschmerzen hat, sollte keinesfalls mehr fliegen.

Im Gegensatz zum verharmlosten Thema Erkältung werden mögliche Keime an Bord meist überbewertet. Da Passagiere und Besatzung stundenlang gemeinsam auf engstem Raum reisen, wird die Atemluft im Flugzeug ständig erneuert. Durch eine Anlage wird die Kabinenluft gefiltert und gereinigt. Viren und Bakterien werden hierbei aus dem Verkehr gezogen und die Keime gehen sprichwörtlich über Bord. Zudem wird stetig frische Luft zugeführt, die ihren Weg über das Triebwerk und die Druckkabine in das Flugzeuginnere findet.

Wer ausgeruht seinen Flugdienst antritt, ausreichend Nahrung sowie Flüssigkeit zu sich nimmt, sich regelmäßig körperlich bewegt und auf seinen Körper achtet, kommt mit Turbulenzen weit besser zurecht als jene, die von all dem das Gegenteil machen.

Es ist gar nicht so einfach zu beschreiben, wie sich etwa der Durchflug einer Schlechtwetterzone anfühlt. Selbst Crewmitglieder empfinden die Stärke höchst unterschiedlich und treffen je nach Wissensstand und Erfahrung abweichende Beurteilungen. Tatsache ist, dass nur ein kleiner Teil der Flugreisenden je wirklich starke Turbulenzen erleben muss. Selbst jene, die sich meist richtig übel anfühlen, sind oftmals »nur« mittelstarke Turbulenzen. Als Flugbegleiterin ist die Wahrscheinlichkeit allerdings höher, die nervenaufreibende Angelegenheit der unangenehm starken Turbulenzen zu erleben. Das liegt hauptsächlich an der Anzahl an Flügen pro Jahr, doch macht es auch einen Unterschied, in welchen Regionen die Fluggesellschaft üblicherweise unterwegs ist.

Je stärker die Turbulenzen, umso stärker schlägt sich das auf unseren Körper nieder. Senkt sich beispielsweise der Blutzuckerspiegel, kann dies unter anderem zu Schwitzen, Heißhunger oder gar einem erhöhten Frustrationspegel führen. Flüssigkeitsmangel hingegen lässt den Körper dehydrieren und führt zu Konzentrationsschwäche. Die Empfindlichkeit bei Turbulenzen wird erhöht und die Arbeit wirkt auf dich belastend.

Unberührt davon sind die Ernährung und das Essverhalten auch für andere Aspekte maßgebend. Um für den Dienst fit zu bleiben, sind alle Besatzungsmitglieder angewiesen, keine rohen Fleisch- oder Fischgerichte zu sich zu nehmen. Dies soll eine mögliche Beeinträchtigung durch verdorbene Mahlzeiten verhindern. Große Mengen an kalorienreichem, fettigem und süßem Essen wirken sich ebenfalls negativ auf dein Leistungsvermögen und deine Gesundheit aus, insbesondere wenn der Genuss derartiger Speisen die Regel ist. Für alle Mitarbeitenden im Flugdienst gilt: Die Flugtauglichkeit ist vom Gesundheitszustand abhängig.

»Um Körper und Geist in Balance zu halten,
brauchen wir Ausgleichsmöglichkeiten,
die unser Wohlbefinden stärken.«
Malee, 26 Jahre, Thailand

Ein gesunder Lebensstil vermindert nicht nur die Gefahr von Erkrankungen, sondern hilft dem Körper auch, besser mit dem Jetlag zurechtzukommen. Der rasche Wechsel von Zeitzonen ist für den Organismus schwer verträglich. Er gerät aus seinen gewohnten Rhythmen. Die Folge können Müdigkeit, Schlaf- und Essstörungen sowie Stimmungsschwankungen und körperliche

Beschwerden sein. Besonders anfällig ist der menschliche Verdauungstrakt. Es kommt nicht selten vor, dass der Magen-Darm-Bereich auf die Zeitzone des Herkunftslandes eingestellt ist und noch danach arbeitet. Bis sich dein Körper an den neuen Rhythmus angepasst hat, benötigt er als Faustformel eine Stunde für jede Zeitzone pro Tag.

Die tatsächlich spürbaren Auswirkungen sind bei jedem Menschen individuell. Jeder Flugreisende kann unter Jetlag leiden, unabhängig vom Alter oder dem allgemeinen Gesundheitszustand. Ausgenommen davon sind Babys, da sich ihre innere Uhr im Aufbau befindet und sich während der ersten Lebenswochen noch kein Tagesrhythmus eingestellt hat.

Nur bei einer kurzen Reisedauer von einem bis maximal drei Tagen kann es für den Körper lohnend sein, im heimischen Rhythmus zu bleiben. Diese Strategie wird Crewmitgliedern empfohlen. Sollte dies nicht möglich sein, helfen längere Ruhe- und Entspannungsphasen, den Jetlag zu mildern.

Der Plan B

Du bist unverändert motiviert, ehrgeizig, voller Tatendrang und weißt genau, dass Fliegen zu deinem Berufsziel gehört? Hervorragend, behalte das innere Feuer und jede positive Einstellung zur Luftfahrt bei. Dennoch vergiss bitte nicht, dir einen Plan B zurechtzulegen. Es ist nicht gesagt, dass du den Beruf auch nach einigen Jahren noch ausüben möchtest oder gesundheitlich dazu in der Lage sein wirst.

Eine gewisse Abnutzungserscheinung ist selbst in diesem Job möglich. Zu Beginn ist alles spannend und neu. Irgendwann setzt die Gewöhnung ein und das aufregende Gefühl flaut ab. Landest du zum ersten Mal auf einer paradiesischen Urlaubsinsel, wirst du von Glückgefühlen getragen. Bist du zum wiederholten Male vor Ort, verliert es irgendwann den Reiz, da das Paradies zu einer gewohnten Umgebung geworden ist.

Mache dir bitte Gedanken, welcher beruflichen Tätigkeit du eines Tages nachgehen möchtest, wenn du den Job bei der Fluglinie an den Nagel hängst. Was kannst du gut, worin bist du qualifiziert und wie könntest du dir ein Leben nach der Luftfahrt vorstellen?

Von Zeit zu Zeit möchte man einfach nur weg. Manchmal liegt dem jedoch kein echtes Ziel zugrunde, sondern nur das dringliche Verlangen nach Veränderung. Verfolgst du jeden deiner Gedanken zurück zu seinem Ursprung, erkennst du deine Sehnsüchte, Wünsche und Träume. Dabei sollte kein berufliches Ziel als besser oder schlechter bewertet werden. Niemand außer dir selbst kennt die Antwort auf die Frage, was das Beste für dich ist, welches Unternehmen geeignet und welche Erfahrung du machen möchtest. Nichts von dem Erlebten wird wertlos sein, wenngleich nicht alles im Leben nur positiv sein kann. Niemand sagt, dass alles einfach wird. Aber es lohnt sich, eine Chance zu ergreifen, die sich zeigt. Was immer du aus deinem Leben machen möchtest, ist es Wert, probiert zu werden.

Es gibt Phasen im Leben, in denen etwas Altes zu Ende geht und du vor einem Neubeginn stehst. Meist überwiegt die Neugierde auf die bevorstehende Herausforderung. Auch wenn du sorgenvolle Gedanken hast, ängstlich zu bleiben ist keine Option. Wenn du deine Zukunft selbst in die Hand nimmst, bist du im Begriff, dein bestes und schönstes Leben zu führen.

Lasse deinen Träumen freien Raum, damit sie wahr werden. Triff deine Entscheidungen mit Mut und Zuversicht. Was immer du dir vornimmst, es soll dir gelingen. Dafür wünsche ich dir von Herzen alles Gute und viel Erfolg!

Dein Pilot & Ausbilder
Hans-Georg Rabacher

Widmung

Mein Dank geht an alle Flugbegleiterinnen und Flugbegleiter, die durch ihre Erfahrung, ihr Wissen und ihre Informationsbereitschaft wesentlich zur Erstellung dieses Buches beigetragen haben. Die von Herzen kommenden Worte in den Zitaten und Interviews erlauben authentische Einblicke und spannende Sichtweisen.

Meine Wertschätzung richtet sich zudem an all jene Crewmitglieder, die durch ihr Lächeln den Aufenthalt an Bord für ihre Fluggäste so angenehm wie möglich gestalten. Ohne euch wären Flugreisen nicht dasselbe.

Dankeschön!

Haben Sie sich schon einmal gefragt, warum Ihr Flugzeugfenster ein kleines Loch hat?

Aus welchem Grund sich Ihre Verdauung ausgerechnet in der Luft unangenehm bemerkbar macht?

Oder ob Turbulenzen wirklich so gefährlich sind, wie sie sich anfühlen?

Wie großartig wäre es, **Antworten** auf all diese Fragen direkt aus dem Cockpit zu erhalten ... Geht nicht? Geht doch!

Der erfahrene Pilot **Hans-Georg Rabacher** nimmt Sie mit an Bord und bietet spannende Einblicke in die Welt des Fliegens. Die verständlich erklärten Themengebiete sind ideal für alle, die sich für die Luftfahrt interessieren. Auch wenn Sie noch nie geflogen sind oder regelmäßig in ein Flugzeug steigen – es gibt viele wissenswerte Details zu entdecken!

Einsteigen, anschnallen und abheben!
FLIEGEN aus dem Cockpit beantwortet

ISBN ebook: 978-3-903355-04-0
ISBN Taschenbuch: 978-3-903355-02-6
ISBN Hardcover: 978-3-903355-03-3

LUFTPOST

Erfahre mehr über die
spannenden Themen Fliegen,
Luftfahrt und Reisen.

Bleibe auf dem Laufenden und
>> *get ready for take-off* <<

- ✓ Neuerscheinungen
- ✓ Exklusive Leseproben
- ✓ Reise-Empfehlungen
- ✓ Insiderwissen rund ums Fliegen

>> Willkommen an Bord <<
www.checkpilot.com/de/Newsletter/

Über den Autor

Hans-Georg Rabacher, Jahrgang 1982, ist Berufs- und Linienpilot, Unternehmer und Autor. Er entdeckte im Kindes- und Jugendalter seine Liebe zur Luftfahrt. Als Pilot steuert er regelmäßig internationale Ziele an und blickt auf langjährige Erfahrungen mit vielen unterschiedlichen Flugzeugtypen zurück, darunter der exklusive Privat- und Businessjet »Bombardier Challenger 350» sowie Passagierflugzeuge der »Airbus-A320-Familie».

Im Verlauf seiner fliegerischen Karriere arbeitete Hans-Georg Rabacher als Fluglehrer in verschiedenen Ausbildungsbetrieben, davon sechs Jahre lang im Management bei einer der größten Flugschulen Mitteleuropas. Als Mitglied im Auswahlkomitee einer Airline war er in die fachliche Beurteilung des angehenden Cockpitpersonals eingebunden.

Sein Fachwissen und die Begeisterung für das Fliegen gibt der Autor in der Berufsberatung an junge Menschen weiter. Neben seiner Funktion als Checkpilot ist er bis heute als Lehrer und Vortragender in der Ausbildung von Flugbegleiterinnen und Flugbegleitern, Privat- und Berufspilotinnen sowie angehenden Fluglehrern tätig.